الكتابة العربية

نشأتها وتطورها

بسم الله الرحمن الرحيم

فاتحة كل خير وتمام كل نعمة

الكتابة العربية

نشأتها وتطورها

الدكتور
حمدى بخيت عمران
كلية الآداب - جامعة جنوب الوادى

الأكاديمية الحديثة للكتاب الجامعى

الكتاب: الكتابة العربية - نشأتها وتطورها
المؤلف: الدكتور حمدى بخيت عمران
مراجعة لغوية: قسم النشر بالدار

رقم الطبعة: الأولى

تاريخ الإصدار: 2009 م
الناشر: الأكاديمية الحديثة للكتاب الجامعى

العنوان: 82 شارع وادى النيل المهندسين ، القاهرة ، مصر

تلفاكس: (00202) 33034 561   012/1734593

البريد الإليكترونى: J_hindi@hotmail.com

رقم الإيداع: 7851/ 2008

الترقيم الدولى: 977 - 6149 - 35 - 9

تحذير

المقدمة

الحمد لله رب العالمين، علم الإنسان ما لم يعلم، والصلاة والسلام على أشرف المرسلين خير من حث على العلم والكتابة صلى الله عليه وسلم ، وبعد...

فإن الله تعالى أنزل الصحف على الأنبياء - عليهم السلام - مسطورة، وأنزل الألواح على موسى - عليه السلام - مكتوبة، وأمر نبيه محمدًا صلى الله عليه وسلم فقال: (اقْرَأْ بِاسْمِ رَبِّكَ الَّذِي خَلَقَ، خَلَقَ الإِنسَانَ مِنْ عَلَقٍ، اقْرَأْ وَرَبُّكَ الأَكْرَمُ، الَّذِي عَلَّمَ بِالْقَلَمِ، عَلَّمَ الإِنسَانَ مَا لَمْ يَعْلَم)[العلق:١-٥] فأضاف سبحانه تعليم الخط إلى نفسه، وامتن به على عباده، وناهيك بذلك شرفاً. وقال سبحانه: (ن وَالْقَلَمِ وَمَا يَسْطُرُون)[القلم:١] فأقسم سبحانه بما يسطرونه. وقال ابن عباس - رضى الله عنهما - فى قوله تعالى: (أَوْ أَثَارَةٍ مِنْ عِلْمٍ)[الأحقاف:٤] إنه الخط. وقال إبراهيم بن محمد الشيبانى : الخط لسان اليد، وبهجة الضمير، وسفير العقول، وَوَصِىّ الفكر، وسلاح المعرفة، وأنس الإخوان عند الفرقة، ومحادثتهم على بعد المسافة، ومستودع السر، وديوان الأمر. وقد قيل: الخط أفضل من اللفظ؛ لأن اللفظ يفهم الحاضر فقط، والخط يفهم الحاضر والغائب، ولله در القائل فى ذلك يصف القلم: [المتقارب] :

وأخرس ينطق بالمحكمات ... وجثمانه صامتٌ أجوفُ

بمكة ينطق فى خفية ... وبالشام منطقه يُعرف [(١)]

(١) انظر : صبح الأعشى للقلقشندى ٣ / ٥ - ٧ .

ونظرًا لأهمية الكتابة الخطية استعنت بالله تعالى فى كتابة هذا الكتاب الذى جاء فى أربعة فصول، بعد المقدمة، وقد جعلت الفصل الأول للجزيرة العربية وتاريخها القديم، حيث تحدثت فيه عن صفة الجزيرة العربية، وعن الساميين وأنواع الأمم السامية المختلفة ولغاتهم وكتاباتهم، وختمت الفصل بالموطن الأصلى للساميين.

وجعلت الفصل الثانى للكتابة فى العصر الجاهلى، تحدثت فيه عن الأطوار التى مرت فيها الكتابة، وأصل الكتابة العربية والنظريات التى تحدثت عن أصل الكتابة العربية والرأى الراجح فى ذلك، وختمت الفصل بالنقوش العربية قبل الإسلام.

وجاء الفصل الثالث للكتابة العربية فى العصر الإسلامى، وتحدثت فيه عن جمع القرآن ورسمه، وذكرت بعضًا من الحكم والأسرار الخاصة بالرسم العثمانى، وختمته بالشكل والإعجام.

وجعلت الفصل الرابع للخطوط العربية وأنواعها، تحدثت فيه عن الخطوط التى كانت مستعملة وما زالت حتى الوقت الحاضر، وهى: خط الثلث، وخط النسخ، وخط الرقعة، والخط الفارسى، والخط الديوانى، والخط الكوفى، والخط المغربى.

هذا، وأسأل الله سبحانه أن يجعل هذا العمل خالصًا لوجهه الكريم، إنه نعم المولى ونعم النصير.

فى سوهاج

د / حمدى بخيت عمران

٤ من ربيع الأول ١٤٢٩ هـ

١٢ من مارس ٢٠٠٨ م

الفصل الأول

الجزيرة العربية وتاريخها القديم

صفة جزيرة العرب [1] :

تشغل الجزيرة العربية الجنوب الغربي لآسيا، وقد سماها أهلها جزيرة؛ لأن الماء يحيط بها من ثلاث جهات: الجهة الجنوبية، والجهة الغربية، والجهة الشرقية، فهى شبه جزيرة لا يوجد فى الكرة الأرضية شبه جزيرة تماثلها فى المساحة.

ويرى علماء طبقات الأرض (الجيولوجيا) أنها كانت متصلة بأفريقيا فى الزمن القديم ثم فصلها منخفض البحر الأحمر الذى يمتد فى غربها، كما يرون أنه كان يغطى جزءًا منها مروج خضراء فى العصر الجليدى، وكانت تجرى بها بعض الأنهار، ولا يزال المار بها يشهد عليها أودية جافة عميقة.

ويطل عليها فى الجنوب المحيط الهندى، وفى الشرق بحر عمان وخليج العرب، ويحدها من الشمال الغربى فلسطين وسوريا، ومن الشمال الشرقى العراق.

وقسمها جغرافيو اليونان والرومان ثلاثة أقسام :

الأول : العربية الصحراوية، ولم يحددوا معالمها، ولكن يفهم من كلامهم أنها بادية الشام، وكانت تقع فى شمالها مملكة تدمر التى حكمتها أسرة الزباء المشهورة.

---

(١) انظر : المفصل فى تاريخ العرب قبل الإسلام - د / جواد على ١ / ١٦٣ - ١٨٥ ، وتاريخ الأدب العربى: العصر الجاهلى - د / شوقى ضيف ص ١٧ - ٢١ ، ودراسات فى تاريخ العرب - د / مصطفى أبو ضيف أحمد ص ١١ - ١٥ ، وحضارة العرب - د / جوستاف لوبون - ترجمة / عادل زعيتر ص ٤٧ - ٥٧ ، وتاريخ العرب قبل الإسلام - د / عبد الحميد حسين حمودة ص ٢٣ - ٢٩ ، والعرب قبل الإسلام لجرجى زيدان ص ٣٧ ، ٣٨ ، وفى تاريخ العرب قبل الإسلام - د / أحمد عبد الحميد الشامى ص ٧ - ٢١ .

الثانى : العربية الصخرية أو الحجرية ، ويعنون بها شبه جزيرة سيناء، والمرتفعات الجبلية المتصلة بها فى شمالى الحجاز، وجنوبى البحر الميت، وهذا القسم هو الذى أقام به النبط مملكتهم، واتخذوا مدينة سلع (بطرا) حاضرة لهم، وامتدت هذه المملكة فى عهد الحارث الرابع أوائل القرن الأول للميلاد إلى دمشق، ولكن استولى عليها الرومان سنة ١٠٦ م.

الثالث : العربية السعيدة، ويعنون بها وسط الجزيرة وجنوبيها، ومن المحتمل أن يكون هذا القسم قد دان بالولاء للدول الجنوبية، مثل: معين وسبأ.

أما الجغرافيون العرب فيقسمونها خمسة أقسام :

الأول : تِهامة : وهى المنطقة الساحلية الضيقة المطلة على البحر الأحمر، وتسمى فى الجنوب باسم تهامة اليمن، وكان العرب القدماء يسمونها الغَوْر؛ لانخفاض أرضها، ويحجزها عن داخل شبه الجزيرة سلسلة جبال السَّراة أعظم جبال العرب.

وقد سميت تهامة بذلك الاسم من التَّهَم، يقول ياقوت الحموى (المتوفى ٦٢٦ هـ): " وسميت تهامة لشدة حرها، وركود ريحها وهو من التهم، وهو شدة الحر، وركود الريح، يقال تَهِم الحر: إذا اشتد، ويقال: سميت بذلك لتغير هوائها، يقال: تهم الدهن إذا تغير ريحه.

وحكى الزيادى عن الأصمعى قال: التهمة الأرض المنصوبة إلى البحر وكأنه مصدر من تهامة، وقال المبرد: إذا نسبوا إلى تهامة قالوا: رجل تَهَامٍ، بفتح التاء وإسقاط ياء النسبة، كما قالوا: رجل يمانٍ وشآم إذا نسبوا إلى اليمن والشام.

وقال إسماعيل بن حماد: النسبة إلى تهامة تِهامىّ وتَهامٍ، إذا فتحت التاء لم تشدد الياء، كما قالوا: رجل يمانٍ وشآمٍ ، قال ابن أحمر: [الطويل] :

وأكبادهم كابنى سُبات تفرقوا   سُبًا ثُمَّ كانوا منجدا وتهاميا

وألقى التَّهامِى منهما بلطاته   وأخلط هذا لا أيم مكانيا

وقال سيبويه: منهم من يقول: تهامىّ ويمانىّ وشامى بالفتح مع التشديد، وقال زهير: [الطويل] :

يَحُشّونَها بِالمَشرَفِيَّةِ وَالقَنا   وَفِتيانِ صِدقٍ لا ضِعافٌ وَلا نُكلُ

تَهامونَ نَجدِيّونَ كَيداً وَنُجعَةً   لِكُلِّ أُناسٍ مِن وَقائِعِهِم سَجْلُ

وأتهم الرجل إذا صار إلى تهامة " [1] .

ويقول الفيومى (المتوفى ٧٧٠ هـ): " تَهِمَ اللبن واللحم تَهَما من باب تعِب: تغير وأنتن، وتهِم الحر: اشتد مع ركود الريح ، ويقال إن تِهامة مشتقة من الأول ؛ لأنها انخفضت عن نجد فتغيرت ريحها ، ويقال من المعنى الثانى ؛ لشدة حرها " [2] .

ويتألف إقليم تِهامة من عدة تهائم، منها ما يدخل فى اليمن، ومنها ما يدخل فى الحجاز، ومن مدنه الساحلية الحُدَيِّدَة وينبع وجدة.

الثانى : الحجاز : وهو " جبل ممتد حال بين الغور غور تهامة ونجد، فكأنه منع كل واحد منهما أن يختلط بالآخر فهو حاجز بينهما .... وقال الأصمعى فى

---

(١) معجم البلدان (تهامة) ٢ / ٤٦٩ .

(٢) المصباح المنير (ت هـ م) ١ / ٧٧ .

كتاب (جزيرة العرب): الحجاز اثنتا عشرة دارًا: المدينة، وخيبر، وفدك، وذو المروة، ودار بلِيٍّ، ودار أشجع، ودار مُزينة، ودار جهينة، ونفر من هوازن، وجُلّ سليم، وجُل هلال، وظهر حرّة ليلى، ومما يلى الشام شَغْب وبَدَا، وقال الأصمعى فى موضع آخر مِن كتابه: الحجاز من تخوم صنعاء من العبلاء وتبالة إلى تخوم الشام؛ وإنما سمى حجازًا؛ لأنه حجز بين تهامة ونجد؛ فمكة تهامية، والمدينة حجازية، والطائف حجازية "[1] .

الثالث : نجد : هى الهضبة التى تكون قلب الجزيرة، وأوسع أقاليمها، وتنحدر إلى الشرق حتى تتصل بأرض العروض، ويسمى العرب جزأها المرتفع مما يلى الحجاز العالية، أما جزؤها المنخفض مما يلى العراق فيسمونه السافلة. وبنجد جبلان مشهوران صعبا الارتقاء هما جبلا أجأ وسلمى المنسوبان إلى طيئ، وبأدنى جبل أجأ مدينة حائل، وعلى سفح جبل سلمى بليدة فيد الواقعة فى طريق الحاج العراقى[2] .

الرابع : العَروض : " وتشمل بلاد اليمامة والبحرين ومما والاهما "[3] ، وكانت عند ظهور الإسلام عامرة بالقرى؛ مثل : حِجْر، وكانت حاضرتها، ومثل سَدُوس ومنفوحة وبها قبر الأعشى، ويقال إنها كانت موطن قبيلتى طسم وجديس البائدتين، وقد عثر فيها على نقوش سبئية متأخرة.

---

(١) معجم البلدان لياقوت الحموى (الحجاز) ٣ / ١١٨ .
(٢) انظر : دراسات فى تاريخ العرب د/ مصطفى أبو ضيف ص ١٤ ، ١٥ ، وتاريخ الأدب العربى : العصر الجاهلى ص ١٩ .
(٣) معجم البلدان (العروض) ٦ / ٣٢٠ .

وتمتد البحرين من البصرة إلى عمان، وبها كانت تنـزل قبيلة عبد القيس فى الجاهلية، وهى تشمل الآن الكويت والأحساء وجزر البحرين وقطر، ومن مدنه القديمة هجر، والقطيف، وكانت تسمى أيضًا الخطّ، وإليها تنسب الرماح الخطية. وفى جنوبى البحرين عمان، ومن مدنها صُحار ودبا، وكان بها سوق مشهورة فى الجاهلية [1].

الخامس : اليمن : ويطلق على كل الجنوب، فيشمل حضرموت، ومهرة، والشِّحْر، وقد يطلق على الزاوية الجنوبية الغربية من شبه الجزيرة العربية، وهو الإطلاق المشهور الآن. وتتألف اليمن من أقسام طبيعية ثلاثة: ساحل ضيق خصب هو تهامة اليمن، وجبال موازية للساحل هى امتداد سلسلة جبال السراة ثم هضبة تفضى إلى نجد، ورمال الرَّبْع الخالى، وبها كثير من الأودية والسهول والثمار والزروع بسبب أمطار الرياح الموسمية الغزيرة، وقد جاء ذكرها فى القرآن الكريم بأنها: (جَنَّتَانِ عَن يَمِينٍ وَشِمَالٍ) [سبأ:١٥].

ويسمى قسمها الشمالى المجاور للحجاز باسم عسير، وكانت تنـزله قبيلة بجيلة فى الجاهلية، ومن أشهر مدن اليمن زَبيد وظِفار وصنعاء وعدن ونجران، وتمتد شرقى اليمن حضرموت على ساحل بحر العرب، فإقليم مهرة، والشِّحْر، ومعناه فى اللغة الجنوبية: الساحل [2].

---

(١) انظر : تاريخ الأدب العربى : العصر الجاهلى ص ١٩ ، ٢٠ .

(٢) انظر : تاريخ الأدب العربى : العصر الجاهلى ص ٢٠ ، ودراسات فى تاريخ العرب ص ١٤ .

" قال الشرقى : إنما سميت اليمن لتيامنهم إليها، قال ابن عباس: تفرقت العرب فمن تيامن منهم سميت اليمن، ويقال: إن الناس كثروا بمكة فلم تحملهم فالتأمت بنو يمن إلى اليمن، وهى أيمن الأرض فسميت بذلك ... والنسبة إليهم يمنى ويمانٍ مخففة، والألف عوض من ياء النسبة فلا تجتمعان، وقال سيبويه: وبعضهم يقول: يمانىّ بتشديد الياء قال أمية بن خلف الهذلى:

[الوافر] :

يمانيا يَظَلُّ يَشُدُّ كيراً   وَيَنفُخُ دائِباً لَهَبَ الشواظِ

وقوم يمانية ويمانون، مثل ثمانية وثمانون، وامرأة يمانية أيضًا " [(١)] .

الساميون :

تطلق كلمة الساميين على مجموعة من " الشعوب الآرامية والفينيقية والعبرية والعربية واليمنية والبابلية - الآشورية، وما انحدر من هذه الشعوب " [(٢)] .

وأول من أطلق هذا الاسم على هذه الشعوب هو المستشرق الألمانى شلوتسر (Schlozer) فى أواخر القرن الثامن عشر (١٧٩٨م) وقد اقتبسه مما ورد فى سفر التكوين [(٣)] بصدد أولاد نوح الثلاثة (سام وحام ويافث) والشعوب التى انحدرت من كل ولد منهم؛ وهى تسمية اصطلاحية. بيد أن تقسيم الأمم فى سفر التكوين اعتمد على الروابط السياسية والثقافية والجغرافية أكثر من اعتماده على صلات

---

(١) معجم البلدان (اليمن) ٨ / ٥٠٩ .

(٢) فقه اللغة - د / على عبد الواحد وافى ص ٦ .

(٣) التوراة - سفر التكوين - الإصحاح العاشر .

القرابة والروابط الشعبية، ولذلك جعل العيلاميين واللوديين من أبناء سام؛ لأنهما كانا من رعايا الدولة الآشورية على الرغم من أنه لا توجد بين هذين الشعبين قرابة من ناحية كما أنه ليس بينهما وبين الآشوريين قرابة من ناحية أخرى، كما جعل الفينيقيين من الشعوب الحامية؛ لتعدد الصلات السياسية والثقافية التى كانت تربطهم بالشعوب الحامية المصرية والبربرية، على الرغم من أنهم اقرب الشعوب إلى العبريين [١] .

وقد قسم علماء اللغات الساميات جغرافيا على قسمين [٢] : شمالى وجنوبى، وقسموا الشمال إلى شعبتين: شرقية وغربية، أما الشرقية فتشتمل على اللغة الأكادية بفرعيها البابلية والآشورية؛ وهذه اللغة اسم جامع أطلقه البابليون (فى جنوبى أرض الرافدين) على لغتهم البابلية، وعلى لغة إخوانهم الآشوريين (فى شمالى أرض الرافدين)، وتطلق فى اصطلاح العلماء المحدثين على مختلف اللهجات البابلية والآشورية. وقد وصلت إلينا فى نقوش مختلفة مكتوبة بالخط المسمارى على الطين المجفف؛ ومن أهم هذه النقوش النقش الذى دوّن به قانون حمورابى؛ وهو من أقدم

---

(١) انظر : فقه اللغة - د / على عبد الواحد وافى ٦ / ٧، وفصول فى فقه العربية - د / رمضان عبد التواب ص ٢٥، وعلم اللغة العربية - د / محمود فهمى حجازى ص ١٣٣ .

(٢) انظر : تاريخ اللغات السامية - د / إسرائيل ولفنسون ١ - ٢١ ، ومدخل إلى نحو اللغات السامية المقارن لموسكاتى وشبتلر ، وأولندورف وزودن - ترجمة د / مهدى المخزومى ، و د / عبد الجبار المطلبى ص ١٤ - ١٧ ، وفقه اللغة - د / على عبد الواحد وافى ٦ - ١٠٧ ، واللهجات العربية الحديثة فى اليمن - د / مراد كامل ص ٧ - ٣٣ ، والمفصل فى تاريخ العرب قبل الإسلام ١ / ٢٢٢ - ٢٢٩ ، ٢ / ٧٣ - ١٥٥، ودراسات فى فقه اللغة - د / صبحى الصالح ص ٤٧ - ٥٨ ، وفصول فى فقه العربية ص ٢٥ - ٣٦ ، وعلم اللغة العربية - د / محمود فهمى حجازى ص ١٥١ - ١٩٢ ، وتصدير المعجم الحديث عبرى عربى - د / ربحى كمال ص ٥ - ١٠ ، وفى التطور اللغوى - د/ عبد الصبور شاهين ص ٤٤ - ٤٧ .

الشرائع الأرضية. و (أكاد) مدينة قديمة فى أرض شنعار، وفى مملكة بابل جعلها سرجون الأول عاصمة دولته حوالى عام ٢٤٠٠ ق . م، وهى أول دولة سامية شهدتها أرض الرافدين. وقد استعار الأكاديون الرموز المسمارية من السومريين؛ ليتمكنوا من تدوين لغتهم بهذا الخط المسمارى المعروف عند الفرنجة باسم (الرسم ذى الزوايا) وعند العبريين باسم (رسم الأوتاد) لأن أجزاءه تشبه المسامير والأوتاد.

وقد ماتت هذه اللغة منذ قديم الزمان ، ولم يبق لنا منها إلا النقوش التى عرفنا منها تاريخ هذا الشعب الأكادى الذى كان على جانب كبير من الحضارة والمدنية.

وأما الغربية فتشتمل على اللغتين الكنعانية والآرامية :

أولاً : الكنعانية : وتنقسم إلى كنعانية شمالية وكنعانية جنوبية.

أ - الكنعانية الشمالية : وتمثلها اللغة الأوجاريتية؛ وهى أقدم لغات المجموعة الكنعانية وأشهرها، وقد اكتشفت نقوشها فى عام ١٩٢٩م فى (راس شمرا) على الساحل السورى للبحر المتوسط، ويرجع تاريخها إلى القرن الرابع عشر قبل الميلاد، وقد أخذ العالم الكتابة الأبجدية عن هذه اللغة الأوجاريتية.

ب - الكنعانية الجنوبية : وتشتمل على :

١ - اللغة العبرية : وهى أهم اللهجات الكنعانية على الإطلاق، وقد صلت إلينا عن طريق العهد القديم الذى يشمل التوراة؛ وهى أسفار موسى الخمسة (التكوين، والخروج، واللاويين، والعدد،

فالقانون الطبيعي هو العدل في ذاته وهو لا يتغير. أما القانون الو
من زمن لآخر ومن مجتمع لآخر. لذا فإن التغيير لا يمتد إلى القـانون الـ
يقتصر على وسيلة التعبير عنه وهو القانون الوضعي، الذي يفترض انـه
القانون الطبيعي[1].

3-2 التطور الفكري لحقوق الإنسان

قلنا سابقا، إن حقوق الإنسان جزء من الحقـوق الطبيعيـة والتـي
بشخصية الإنسان ولا يمكن أن يتنازل عنها. وقلنا إن الحقوق الطبيعيـة
لحقوق الإنسان، تستند في وجودها إلى القانون الطبيعي، والقـانون الط
قيما عليا ثابتة وخالدة، ولكنه رغم ذلك فليس له مضمون ثابت، بل انه
الإنسان ومصالحه بحسب الظروف الاجتماعية والاقتصادية والسياسية

وإذا، أن حقوق الإنسان جزء من الحقوق الطبيعية والتي تأخـذ م
مصدرا لها والقانون الطبيعي هو المثل الأعلى الذي يراد تحقيقه، فباسـ
الموجود وإقامة نظام آخر بدلا منه[3].

وهكذا استخدمت الكنيسة الكاثوليكية القـانون الطبيعـي كوسـيا
الدولة التي نشأت بعد فترة الإقطاع في أوربا، وهو نفسـه الـذي اسـتخد
سلطانه[4].

وأيضاً أن فقهاء وفلاسفة القرن الثامن عشر لجأوا إلى القانون الطب
والحريات العامة وإدانة الحكم المطلق وكيفية تفسير نشؤ الدولة، وبنـا
بإن الشعب هو مصدر السلطات، لذلك فإن ممارسة السلطة داخل الدو

---

(1) - د. عبدالرحمن رحيم: الترابط العضوي مابين حقوق الإنسان والديمقراطية ، المصدر
(2) - د. عبدالرحمن رحيم: فلسفة القانون، ط/1، مطبعة جامعة صلاح الدين/ اربيل،
(3) - د.منذر الشاوي: مذاهب القانون، منشورات بيت الحكمة، بغداد، 1991, ص65.
(4) - د.منذر الشاوي: مذاهب القانون، المصدر السابق، ص69.

مقيدة بالدستور وكما نبحث في الفقرات اللاحقة من خلال دراسة العقد
وبز ولوك وروسو.

ظرية العقد الاجتماعي مصدرا لمضمون عدد من الوثائق الخاصة
ثيقة الأمريكية لعام 1776 والوثيقة الفرنسية لعام 1789 واعتبرت فيما
ر الفرنسية لعام 1791 و 1946 و1958. وكذلك أصبح مصدرا للإعلان
ان والذي أعلن من قبل الجمعية العامة للأمم المتحدة عام 1948.

الثورة الأمريكية مباشرة وقعت الثورة الفرنسية، ثم وقعت خلال القرن
العشرين العديد من الثورات في قارة أوروبا وأمريكا الجنوبية مؤكدة
ب. ومن ناحية أخرى فأن تنامي الحركة الاشتراكية خلال القرن التاسع
فهوم حقوق الإنسان والى ان يأخذ المفهوم وجهة جديدة، فبينما كانت
ان بشكلها الأولي تؤكد على ضرورة ان يكون الفرد حرا من تدخل الدولة
سياسية، أصبحت صياغات جديدة لمفاهيم حقوق الإنسان وكنتيجة
كية تؤكد على ضرورة تدخل الدولة لتحقيق قدر من العدل الاقتصادي
الاقتصادية[1].

الآن اتفاق واسع على مبادئ حقوق الإنسان وعلى المستويين الوطني
لا يعني إن هنالك اتفاقا بنفس الدرجة بشأن طبيعة حقوق الإنسان
بير أدق ليس هنالك اتفاق بشأن تعريف حقوق الإنسان، حيث لازالت
الأساسية لم تتم الإجابة عليها لحد الآن. لذلك فسواء كانت حقوق
ى إنها مصدرها رباني، أخلاقي، أو وضعي، وسواء أن التبرير لحقوق
ادة، نظرية العقد الاجتماعي أو مبدأ توزيع وإدارة العدل كشرط
ادة، وسواء اعتبرت حقوق الإنسان على انه لا يمكن التنازل عنها، أو
اء قبلت حقوق

رها جمعية الحقوقيين العراقيين، العدد/1 كانون الأول 2000، ص79.

وذهب القسم الآخر إلى الشرق فى بلاد العراق، ونشأ هناك ما يسمى بالآرامية الشرقية التى تفرع منها لغة اليهود فى بابل، وهى ما شرحه يهود مدرسة بابل لكتاب المشناة ويسمى هذا الشرح الجمارا، ويتألف منه مع المشناة ما يعرف بتلمود بابل.

واللهجة المنداعية؛ وهى لهجة طائفة (العارفين) المسيحية، التى لا تزال توجد فى جنوبى العراق إلى اليوم؛ وهى لهجة آرامية خالصة، لم تتصل كلماتها وتراكيبها بالعبرية أو بغيرها من اللغات الأخرى.

واللغة السريانية، وهى أهم لهجات الآرامية، وقد سمى الآراميون أنفسهم بالسريان بعد اعتناقهم الدين المسيحى؛ لأن الاسم الشعبى القديم صار عيبًا يدل على الكفر.

وتنقسم السريانية تبعًا لانقسام الكنيسة المسيحية، إلى سريانية شرقية، وهى سريانية المسيحيين التابعين لتعاليم نسطوريوس، ويسمون بالنسطوريين، وسريانية غربية، وهى سريانية المسيحيين التابعين لتعاليم يعقوب البردعى، ويسمون باليعاقبة.

وأما الفرع الجنوبى من اللغات السامية فيشمل :

١ - العربية الشمالية : ولا نكاد نعرف شيئًا عن المراحل التى اجتازتها فى عصورها الأولى؛ وهى قسمان: العربية البائدة التى لا يتجاوز أقدم ما وصلنا من نقوشها القرن الأول قبل الميلاد، والعربية الباقية التى لا تجاوز آثارها القرن الخامس بعد الميلاد. والمراد من العربية البائدة عربية النقوش التى بادت لهجاتها قبل الإسلام، وهى التى ظهر على آثارها الطابع الآرامى؛ لبعدها عن المراكز العربية الأصلية بنجد والحجاز.

وأهم اللهجات العربية البائدة ثلاث: الثمودية، والصفوية، واللحيانية.

فالثمودية : هى اللهجة المنسوبة إلى قبائل ثمود التى جاء ذكرها، وذكر مساكنها فى مواضع كثيرة من القرآن الكريم، وتاريخ معظم النقوش المدونة بهذه اللهجة يعود إلى القرنين الثالث والرابع بعد الميلاد، وقد دونت بخط جميل أنيق مشتق من (المُسند) يتجه من أعلى إلى أسفل، ولا يثبت على حال واحدة.

والصفوية : هى اللهجة المنسوبة إلى منطقة الصفا؛ فقد عثر على نقوشها فى حرة واقعة بين تلول الصفا، وجبل الدروز ويرجع تاريخها إلى القرون الأولى بعد الميلاد، والخط الذى كتبت به قريب من الخط الثمودى، ولا يبعد أن يكون مشتقًّا منه إلا أنه شديد التغير والاختلاف فلا يكاد يستقر على حال واحدة، فهو تارة يقرأ من الشمال إلى اليمين، وتارة أخرى يقرأ من اليمين إلى الشمال.

واللحيانية : هى اللهجة المنسوبة إلى قبائل لحيان التى يرجح أنها كانت تسكن شمالى الحجاز قبل الميلاد، وقد عثر على نقوش كثيرة تذكر أسماء ملوك لحيان، وأغلب الاحتمالات أن تاريخ هذه النقوش يعود إلى ما بين سنة ٤٠٠ ، وسنة ٢٠٠ قبل الميلاد، والخط الذى دونت به مشتق كذلك من المسند غير أنه ألطف وأثبت نظامًا، وأكثر رونقًا من الخطين الثمودى والصفوى، ويكتب مستعرضًا من اليمين إلى الشمال .

" ومع أن هذه المجموعة من اللهجات الثلاث: الثمودية، والصفوية، واللحيانية لم تصل إلينا إلا عن طريق نقوش قليلة الأهمية على كثرتها، ضحلة المادة على تنوعها، امتازت بأمرين، أحدهما: أنها أقرب لهجات العربية البائدة إلى الفصحى،

والآخر: أن الخط الذى دونت به ينبغى أن يعتبر المرحلة الأولى فى منظور الخط العربى وانتشاره "[١] .

والقسم الثانى من العربية الشمالية الباقية، وهى التى تنصرف إليها كلمة العربية عند الإطلاق، وهى لا تزال تستخدم لغة أدب وكتابة وتأليف فى البلاد العربية، وقد نشأت هذه اللغة ببلاد نجد والحجاز ثم انتشرت فى كثير من المناطق التى كانت تشغلها من قبل أخواتها السامية والحامية، ثم تفرعت منها اللهجات التى يتكلم بها فى العصر الحاضر فى البلاد العربية وقد وصلتنا هذه اللغة عن طريق القرآن الكريم، والسنة النبوية، والأدب الجاهلى شعرًا ونثرًا.

٢ - العربية الجنوبية : ويطلق عليها العلماء اسم اليمنية القديمة، أو القحطانية، وأحيانًا يسمونها باسم بعض لهجاتها الشهيرة فيطلقون عليها اسم الحميرية أو السبئية، وقد وصلت إلينا هذه اللغة عن طريق نقوش كثيرة مدونة على الصخور، والأعمدة، والقبور، والتماثيل، والنقود، وجدران الهياكل، والمذابح، ومعظم هذه النقوش عثر عليه فى بلاد اليمن نفسها، وفى الواحات الواقعة شمالى بلاد الحجاز فى منطقة العلا، وبعضها عثر عليه فى المناطق الشمالية لبلاد كنعان، وفى صعيد مصر - مما تركه تجار اليمن - وفى الحبشة.

وهذه النقوش مكتوبة بخط المسند[٢] ، وهو خط أبجدى يشتمل على تسعة وعشرين حرفًا صامتًا، والنقوش مدونة بالصوامت دون الحركات.

---

(١) دراسات فى فقه اللغة - د / صبحى الصالح ص ٥٦ .

(٢) سمى بالمسند ؛ لأن أكثر حروفه تستند إلى ما يشبه الأعمدة ، وهو خط هندسى الشكل ، ويعرف بالخط اليمنى عند العرب

وأهم اللهجات العربية الجنوبية خمس: المعينية، والسبئية، والحميرية القديمة، والقَتْبَانية، والحضرمية.

أ - اللهجة المعينية : وهى اللهجة المنسوبة إلى المعينيين، الذين أسسوا بجنوبى اليمن أقدم مملكة فى بلاد العرب (١٣٠٠-٦٣٠ ق . م) وكانت حاضرتها القرن، ويسميها اليونان (كارنا) أو (قارنا)، وأقامت هذه المملكة فى منطقة الجوف الجنوبى شرقى صنعاء.

" ولغة المعينيين كثيرة الشبه باللغة السبئية (لغة حمير) وحروفهما واحدة تقريبًا، لكنها تختلف عنها اختلافًا واضحًا فى ضمير المذكر الغائب؛ فإنه فى المعينية السين ، بدل الهاء فى السبئية وسائر اللغات السامية إلا البابلية والحبشية "[١] .

وكانت لهم تجارة بين الهند وبلاد العرب، وقوافلهم التجارية تتجه من سواحل المحيط الهندى إلى فلسطين، وأقاموا لهم مستعمرات مهمة تسكنها جاليات منهم على طول الطريق الساحلى المحاذى للبحر الأحمر فى اتجاه فلسطين والبحر المتوسط، وقرب نهاية القرن الأول قبل الميلاد ذابت فى مملكة سبأ.

ب - اللهجة السبئية : هى اللهجة المنسوبة إلى السبئيين الذين أقاموا مملكتهم على أنقاض المملكة المعينية، واتخذوا من مدينة مأرب عاصمة لمملكتهم، وقد ظلت السبئية سائدة فى بلاد اليمن خلال المدة الطويلة التى قبض فيها السبئيون على زمام الحكم، بل بقيت سيادتها فى أثناء الحكم الحبشى الأول لهذه البلاد بين سنتى ٣٧٥-٤٠٠ بعد الميلاد.

---

(١) العرب قبل الإسلام لجرجى زيدان ص ١٣٢ .

ويذكر العلماء أن دولة سبأ استمرت حتى سنة ١١٥ ق . م حينما انهار سد مأرب بسيل العرم بعد أن كفروا بأنعم الله، قال تعالى: (لَقَدْ كَانَ لِسَبَإٍ فِي مَسْكَنِهِمْ آيَةٌ جَنَّتَانِ عَن يَمِينٍ وَشِمَالٍ كُلُوا مِن رِّزْقِ رَبِّكُمْ وَاشْكُرُوا لَهُ بَلْدَةٌ طَيِّبَةٌ وَرَبٌّ غَفُورٌ، فَأَعْرَضُوا فَأَرْسَلْنَا عَلَيْهِمْ سَيْلَ الْعَرِمِ وَبَدَّلْنَاهُم بِجَنَّتَيْهِمْ جَنَّتَيْنِ ذَوَاتَى أُكُلٍ خَمْطٍ وَأَثْلٍ وَشَيْءٍ مِّن سِدْرٍ قَلِيلٍ، ذَلِكَ جَزَيْنَاهُم بِمَا كَفَرُوا وَهَلْ نُجَازِي إِلاَّ الْكَفُورَ) [سبأ ١٥- ١٧].

وبعد انهيار سد مأرب هاجرت قبائل منها إلى الشمال، ولم تكن القبائل المهاجرة فى وضع اقتصادى جيد، ولذا تعربت بعربية الشمال.

ج - اللهجة الحميرية القديمة[١] : وهى تنسب إلى جماعات حمير التى ظلت تنازع السبئيين السلطان مدة طويلة دون أن تقوى على انتزاعه من أيديهم، وقد اشتبكت لهجتهم فى صراع مع اللهجة السبئية، ولكنها لم تقو على التغلب عليها أو انتزاع شىء من مناطقها، وظل الحال كذلك حتى طرد الأحباش لأول مرة من بلاد اليمن سنة ٤٠٠م، وتولى الحكم فيها أسرة حميرية، ومن ذلك الوقت أخذ نجم اللغة الحميرية فى البزوغ؛ فاستأثرت بكثير من مظاهر السيادة والنفوذ الأدبى فى بلاد اليمن، وقد اتخذت من (ظَفار) عاصمة لها.

---

(١) وصفت بالقديمة تمييزًا لها عن لهجة حمير بعد أن تغلبت العربية على ألسنتهم ، وهذه الأخيرة هى التى يعنيها معظم مؤرخى العرب حين يتكلمون عن لهجة حمير ، ويستثنى من هؤلاء أبو عمرو بن العلاء الذى كان يعنى الحميرية القديمة بقوله : ما لسان حمير بلساننا ، ولا لغتهم بلغتنا .
انظر : فقه اللغة - د / على عبد الواحد وافى ص ٧٧ .

د - اللهجات القَتَبانية : وهى تنسب إلى قبائل قَتَبان التى أنشأت مملكة كبيرة فى المناطق المسماة بهذا الاسم، وهى المناطق الساحلية الواقعة شمالى عدن، وكانت عاصمتهم تِمْنَع، ويختلف المؤرخون فى تاريخ قيامها، ويذكر أنها وجدت سنة ١٠٠٠ ق.م وانتهت حياتها ما بين سنتى٤٠٠ ق.م، و٥٠ ق.م، وأنها ذابت أيضًا فى مملكة سبأ نتيجة الحروب والمنازعات المستمرة [(١)].

هـ - اللهجة الحضرمية : وهى تنسب إلى قبائل حضرموت التى أنشأت حضارة زاهرة ومملكة قوية فى المنطقة الجنوبية المسماة بهذا الاسم وكانت حاضرتهم شَبْوَة وظلت مملكتهم هذه تنازع سبأ السلطان مدة غير قصيرة، ولكن كتب النصر فى النهاية لسبأ، فأزالت مملكة حضرموت من الوجود.

" وقد عمرت اللهجة الحضرمية أكثر من اللهجة القتبانية، فآخر النقوش القتبانية يرجع إلى القرن الأول الميلادى، بينما ظلت الحضرمية حتى القرن الثالث الميلادى على أقل تقدير، وكلتا اللهجتين تشبهان اللهجة المعينية من ناحية استخدام السين، ولكنهما تختلفان عنها من جوانب أخرى " [(٢)].

٣ - **الحبشية السامية:** خرجت موجة سامية من جنوبى الجزيرة العربية، فعبرت البحر الأحمر عن طريق باب المندب إلى ما أطلق عليه بعض الرحالة اليونان اسم (أثيوبيا). ويبدو أن الهجرة تمت حوالى القرن السابع قبل الميلاد، وقد عرف الباحثون أسماء بعض القبائل التى هاجرت، ونقلت لغتها السامية إلى هذه المنطقة

---

(١) انظر : الحضارات السامية القديمة لموسكاتى ص ١٩٢ ، وفقه اللغة - د / على عبد الواحد وافى ص ٧٧، والعربية خصائصها وسماتها - د / عبد الغفار حامد هلال ص ١٥٣ .

(٢) علم اللغة العربية - د / محمود فهمى حجازى ص ١٨٦ .

من القارة الأفريقية، وأهم هذه القبائل قبيلة حبشت، وقبيلة الأجعازى، وقد سميت هذه المنطقة باسم (الحبشة) نسبة إلى القبيلة الأولى، بينما سميت اللغة باسم لغة (الجعز) نسبة إلى القبيلة الثانية؛ فأبناء هذه اللغة، وسكان الحبشة يسمون لغتهم القديمة باسم الجعز.

وهناك تسميتان أخريان أقل استخدامًا فى مجال العلم، وهما تسمية هذه اللغة باسم الحبشية، والأثيوبية، والتسمية الأولى شائعة فى الكتب العربية، أما الثانية فمأخوذة من كلمة أثيوبيا التى وصفت بها منطقة البحر الأحمر جنوبى مصر فى كتب الرحالة الأوربيين القدماء، وقد جاءت كلمة أثيوبيا فى الكتاب المقدس، فأحبها الأحباش مع تحولهم إلى المسيحية، فأطلقوها على دولتهم باعتبارها تسمية مقدسة[(١)] .

أما بالنسبة للكتابات الحبشية فقد انقسمت على ثلاثة أقسام[(٢)] :

الأول : نقوش كشفت فى منطقة يها (jeha) تمثل أقدم نماذج الكتابات الحبشية، وقلمها السبئى القديم الذى كان فى عهد ملوك سبأ الذين عرفوا باسم مكرب.

الثانى : كتابات تتمثل فى نقشى أقسوم، وقلمها يشبه القلم السبئى المتأخر، وهى متأخرة عن الأولى بنحو ستة قرون أو أكثر.

---

(١) انظر : علم اللغة العربية ص ١٨٧ ، ١٨٨ .

(٢) انظر : تاريخ اللغات السامية - د / إسرائيل ولفنسون ص ٢٥٦ .

الثالث : كتابات الطور الثالث، وهى كتابات جعزية بقلمها ولغتها، وتستعمل فى صلب الحروف شيئًا يشبه الحركات، وهى طريقة غير مألوفة فى اللغات السامية.

وكتابات الطورين الأول والثانى تكتب من اليمين إلى الشمال، كما هو شأن جميع الأقلام السامية، أما الخط الجعزى فإنه يكتب من الشمال إلى اليمين.

وقد كتبت لغة الجعز بخط مقطعى يتكون من ١٨٢ رمزًا مكونًا من الصوامت والصوائت؛ فكل صامت مع الحركة التالية له يكون رمزًا مستقلا، وفيه ستة وعشرون حرفًا من الصوامت يرتبط كل منها بإحدى حركات سبع (فتحة قصيرة- فتحة طويلة- فتحة ممالة قصيرة- فتحة ممالة طويلة- ضمة طويلة مثل صوت حرف (o) الأجنبى، وأخرى طويلة مثل صوت (u) الألمانية - كسرة طويلة)؛ أى إن الرمز الواحد يمثل فى الخط الحبشى أحد الصوامت الستة والعشرين مع إحدى الحركات السبع؛ لذا يعد هذا الخط من أكثر الخطوط السامية تعقيدًا [١].

الموطن الأصلى للساميين : اختلف العلماء حول الموطن الأصلى للغات السامية وذهبوا مذاهب شتى منها [٢] :

---

(١) انظر : فقه اللغة - د / على عبد الواحد وافى ص ٨٨ ، ٨٩ ، وعلم اللغة العربية ص ١٩٢ ، والعربية خصائصها وسماتها ص ١٤٨ .

(٢) انظر : فقه اللغة - د / على عبد الواحد وافى ص ١٠ ، ١١ ، واللهجات العربية الحديثة فى اليمن ص ٥ ، ٦ ، وفصول فى فقه العربية ص ٣٨ - ٤٢ ، والعرب قل الإسلام لجرجى زيدان ص ٤١ ، ٤٢ .

١ - المذهب الأفريقى : ذهب بعض العلماء إلى أن الموطن الأصلى للساميين كان شمال أفريقيا ومنه نزحوا إلى آسيا عن طريق برزخ السويس، والذى دعاهم إلى هذا - التشابه بين الساميين والحاميين.

بيد أن هذا المذهب لم يسلم من النقد؛ إذ كيف اختفت جميع اللغات السامية من أفريقيا بحيث لم تظهر إلا فى المستعمرات الفينيقية على الساحل، وخاصة المستعمرة البونية فى قرطاجنة بتونس، ثم مع الفتح الإسلامى فى القرن السابع الميلادى.

٢ - المذهب الأرمينى : ذهب بعض العلماء إلى أن الموطن الأصلى للساميين كان بلاد أرمينية بالقرب من حدود كردستان، ويرى بعضهم أن هذا الموطن كان المهد الأول للشعبين السامى والآرى معاً.

وهذا الرأى مستمد من سفر التكوين (١٠/ ٢٢ - ٢٤ ، ١١ / ١٢) الذى يعزو كثيراً من هذه الشعوب إلى أرفكشاد، وهى تقع على حدود أرمنيا وكردستان. وأقوى ما يوجه إلى هذا الرأى من نقد هو أن مؤلف سفر التكوين لم يستند إلى أدلة علمية يقينية، بل كان يأخذ بقول الرواة القصاصين، الذين يرون أن سفينة نوح (عليه السلام) رست فى مكان قريب من أرفكشاد، وهو رأى خيالى تمامًا، كما أنه يتعارض مع رأى آخر فى سفر التكوين (١/١١) يرى أن كل الشعوب ومن بينها الساميون انحدروا أصلاً من بابل.

٣ - **المذهب البابلى :** ذهب إلى هذا الرأى الأستاذ جويدى (Guidi) ومن تابعه، حيث يرون أن المهد الأصلى للساميين يقع على المجرى الأوسط لنهر دجلة، ومنهم من حدد هذا الموطن بمنطقة جنوبى نهر الفرات، وكان اعتمادهم فى ذلك على أدلة جغرافية ونباتية وحيوانية، وكذلك على ورود ألفاظ مشتركة فى اللغات السامية لمسميات تنطبق على جغرافية وحيوان ونبات ما بين النهرين.

٤ - **المذهب الحبشى :** ذهب بعض العلماء إلى أن الموطن الأصلى للساميين بلاد الحبشة ومنها نزحوا إلى القسم الجنوبى ببلاد العرب عن طريق باب المندب، ومن هذا القسم انتشروا فى مختلف أنحاء الجزيرة العربية.

٥ - **المذهب الكنعانى :** ذهب بعض العلماء إلى أن الموطن الأصلى للساميين كان بلاد كنعان، ويستدل على ذلك بأن الساميين كانوا منتشرين فى البلاد السورية القديمة فى أزمنة سحيقة فى القدم، وأن مدنيتهم فى هذه البلاد لا تعرف نشأتها ولا تعرف قبلها مدنية أخرى.

٦ - **المذهب العربى :** يرى كثير من العلماء أن الموطن الأصلى للساميين كان القسم الجنوبى الغربى من شبه الجزيرة العربية، وقد مال إلى هذا الرأى كثير من المستشرقين مثل: رينان، وبروكلمان، وشبرنجر،

ودى غويه، وكايتانى، وموسكاتى، ويستدلون على ذلك بأدلة تكاد تكون قاطعة، من ذلك :

أ - الهجرة فى هذه البلاد كانت تتجه دائمًا فى عصور ما قبل التاريخ، والعصور التاريخية من القسم الجنوبى الغربى إلى الشمال والشرق (سوريا والعراق وما يليها).

فمن القسم الجنوبى الغربى نزح الساميون إلى الشمال فتكونت من سلالاتهم الشعوب الكنعانية، ونزحوا كذلك إلى جنوبى العراق وغزوا بلاد السومريين، وغلبوهم على أمرهم وأنشئوا دولة عظيمة هى دولة بابل .. إلخ من الهجرات التى خرجت شمالاً سواء إلى الشمال الشرقى أو الشمال الغربى أو وسط الجزيرة العربية.

ب - منذ فجر التاريخ كانت كل المواطن الأخرى المقترحة مسكونة بشعوب غير سامية ما عدا جزيرة العرب.

ج - جميع سكان بلاد العرب الذين لم يختلطوا بغيرهم من الأجناس البشرية، لهم مميزات الجنس السامى الخلقية والخلقية، ولغتهم على ما يرى المحققون من علماء الساميات أقرب اللغات إلى السامية الأم.

مما سبق رأينا أن العلماء اختلفوا فى الموطن الأصلى للساميين فى عصور ما قبل التاريخ، بيد أنهم يكادون يتفقون على أن الموطن الأصلى للساميين فى العصور التاريخية، هو شبه جزيرة العرب، ومنها انطلقوا إلى بلاد الرافدين وسوريا

وفلسطين، والحبشة وشمالى أفريقيا، ومصر وكونوا الدول والممالك التى عرفناها قبل ذلك.

الفصل الثانى

الكتابة فى العصر الجاهلى

ذهب بعض الباحثين إلى أن الكتابة مرت فى أطوار متعددة قبل أن تصل إلينا على هذه الصورة التى نراها؛ هذه الأطوار هى [١] :

الطور الأول : الطور الصورى (الكتابة الصورية) :

وهى استخدام الصور فى مقام الألفاظ؛ فإذا أراد الإنسان التعبير عن أنه ذهب إلى صيد السمك رسم صورة رجل بيده قصبة فى رأسها شص، وهو متجه نحو بحيرة سمك، وإذا أراد أن يدل على معنى الأسد رسم صورة الأسد.

وهى أول كتابة نعرفها، وإليها ترجع جميع نظم الكتابة المستعملة بين بنى الإنسان؛ والكتابات القديمة التى كتبت بهذه الطريقة هى الكتابة الصينية، والكتابة المسمارية، والكتابة الهيروغليفية.

ولهذه الكتابة مزية تستطيع أن تفخر بها " هى أن قراءتها فى متناول أناس يتكلمون لغات مختلفة؛ فقانون الإشارات الملاحية يقرؤه جميع الملاحين بطريقة واحدة، وإن فهموه بلغات مختلفة، والكتابة التصويرية؛ وهى تمثل الأفكار لا الأصوات لها نفس المميزات التى لقانون الإشارات؛ وذلك أنها تسقط وساطة الكلام، وتصور لغة التفكير لا لغة الكلام، ومن اليسير أن نبين تفاهة هذه الميزة؛ فقانون الإشارات لا يطبق بطبيعة وضعه إلا على عدد محصور من المعانى المهنية

---

(١) انظر : الخطاطة الكتابة العربية - د / عبد العزيز الدالى ص ١٨ ، ١٩ ، والمفصل فى تاريخ العرب قبل الإسلام ١٤٥/٨ ، والكتابات والخطوط القديمة - تركى عطية الجبورى ص ٧٥ ، ٨٦ ، واللغة - ج . فندريس - تعريب / عبد الحميد الدواخلى ومحمد القصاص ص ٣٨٥ - ٤١٦ .

المحددة التى لا يعتريها التغيير، ويمكن لعدد من الناس ذوى المهنة الواحدة أن يصطلحوا عليها بسهولة، ولكن هذا القانون لا يمكن تعميمه بحال؛ ولأجل أن يكون للكتابة التصويرية قيمة عامة يجب ألا تتكون إلا من علامات يمكن لكل إنسان قادر على التفكير أن يدركها على الفور، وهذا سراب خداع؛ لأنه لا يمكن تحقيقه إلا بالنسبة للمعانى المشخَّصة كمعانى الطائر والقلم والثور والعين والشمس، ولكن صعوبته تبدأ عندما يدور الأمر حول المعانى المجردة .... "[١] .

وبذلك رأى الإنسان أن هذه الكتابة- وإن عبرت بعض التعبير عن مشاعره- كانت عاجزة عن التعبير عن الأمور الروحية وعن الألفاظ المعنوية، وعن الأمور الحسابية وغير ذلك.

الطور الثانى : الطور الرمزى (الكتابة الرمزية) :

وتعتمد هذه الكتابة على استخدام رسم الأدوات والأشكال للدلالة على شىء مرتبط بها؛ فمثلاً يرسم الشعر المسدول دلالة على الحزن، ويرسم ضخامة الجسم دلالة على غنى صاحبه، ويرسم الدواة والقلم للدلالة على الكتابة.

والفرق واضح هنا بين الكتابة الصورية، والكتابة الرمزية من حيث الربط بين الصورة والمعنى، وقد مهدت هذه الكتابة الطريق لتبسيط الكتابات الصورية إلى الأحرف الهجائية الفينيقية.

---

(١) اللغة لفندريس ص ٣٩١ ، ٣٩٢ .

الطور الثالث : الطور المقطعى (الكتابة المقطعية) :

الكتابة الصورية لم تكن قادرة على التعبير عن الأفكار المجردة أو عن الصيغ المختلفة للفعل؛ لذلك استعملت علامات للتعبير عن الوحدة الصوتية، أى تهيئة كلمات لا علاقة لها بالصور؛ فمثلاً إذا أراد أن يكتب كلمات تبدأ بالمقطع (يد) مثل: (يدهس، ويدحر) رسم صورة يد، واعتبرها مقطعًا هجائيًّا لا يراد به نفس الكف، ثم يرسم الجزء الآخر فتتكون بذلك كلمة واحدة، لكنها مكونة من صورتين لا علاقة بينهما غير رابطة إعطاء صوت واحد عند اجتماعهما فى الكلمة المطلوبة.

والكتابة المقطعية كانت متمثلة فى الكتابة البابلية، والمصرية القديمة.

الطور الرابع : الطور الصوتى (الكتابة الصوتية) :

فى هذا النوع من الكتابة لجأ الكاتب إلى استعمال صور أشياء يتألف من هجائها الأول لفظ الكلمة المعينة، وهو اتخاذ الصور رمزًا للهجاء الأول من اسم الصورة فصورة الأسد ترمز إلى حرف الألف، وصورة البطة ترمز إلى حرف الباء.

وقد اتخذت الصورة بهذه الكتابة رمزًا لحرف واحد؛ فحرف الكاف مثلاً إذا أريد التعبير عنه يُرسم شكل معروف يبدأ اسمه بهذا اللفظ؛ فمثلاً كلمة (أحمد) تتكون من أربعة حروف فإذا أريد كتابتها رسمت أربع صور كل صورة تبدأ بلفظ يطابق لفظ الحرف المطلوب فى الكلمة؛ أى إنها تتكون من صورة أسد، وصورة حمار، وصورة مهد، وصورة دب.

الطور الخامس : الطور الهجائى (الكتابة الهجائية) :

فى هذا الطور خلط السومريون فى وادى الرافدين بين الطريقة الصوتية والطريقة الرمزية، وابتدعوا علامات تشبه المسامير العمودية، والمائلة، والأفقية فى حدود سنة٣٢ ق.م، وفى تلك السنة ظهرت الأبجدية الهيروغليفية فى وادى النيل.

أصل الكتابة العربية :

تعددت الآراء فى كيفية نشأة الكتابة العربية بين القدماء والمحدثين إلى مذاهب شتى، ولم تستقر على رأى محدد، ويجدر بنا أن نذكر النظريات المختلفة فى أصل الكتابة العربية الشمالية [1] :

١ - نظرية التوقيف :

تكاد تجمع المصادر العربية القديمة على أن الخط الذى كتب به العرب توقيف من الله، علمه آدم - عليه السلام - فكتب به الكتب المختلفة فلما أظل الأرض الغرق ثم انجاب عنها الماء أصاب كل قوم كتابهم، وكان الكتاب العربى من نصيب إسماعيل - عليه السلام.

---

(١) انظر : قصة الكتابة العربية - د / إبراهيم جمعة ص ٧ - ٢٠ ، والخطاطة - د/ عبد العزيز الدالى ص ٢٠ - ٢٧، والكتابات العربية حتى القرن السادس الهجرى - د / محمد حسام الدين إسماعيل ص ٧ - ١٣ ، والكتابات العربية على الآثار الإسلامية - د / مايسة محمود داود ص ٢٦ - ٢٩، والخط والكتابة فى الحضارة العربية - د/يحيى وهيب الجبورى ص ١٧ - ٢١ ، وقديم وجديد فى أصل الخط العربى وتطوره فى العصور المختلفة ليوسف ذنون ص ٧ - ١٠ - بحث فى مجلة المورد م / ١٥ -١٩٨٦ م - العدد الرابع ، ومبدأ ظهور الحروف العربية وتطورها لغاية القرن الأول الهجرى - أسامة ناصر النقشبندى ص ٨٣ - ٨٥ - بحث فى مجلة المورد م / ١٥ - ١٩٨٦ - العدد الرابع .

أخرج ابن أشتة فى كتاب المصاحف بسنده عن كعب الأحبار أن أول من كتب الكتاب العربى والسريانى والكتب كلها آدم عليه السلام، قبل موته بثلاثمائة سنة كتبها فى طين وطبخه، فلما أصاب الأرض الغرق وجد كل قوم كتابًا فكتبوه، فأصاب إسماعيل - عليه السلام - الكتاب العربى[١] .

وأخرج ابن أشتة والحاكم فى المستدرك من طريق عكرمة عن ابن عباس قال: أول من وضع الكتاب العربى إسماعيل-عليه السلام- وضعه على لفظه ومنطقه[٢] .

يقول ابن فارس: " والروايات فى هذا الباب تكثر وتختلف، والذى نقوله فيه: إن الخط توقيف؛ وذلك لظاهر قوله عز وجل: (اقْرَأْ بِاسْمِ رَبِّكَ الَّذِي خَلَقَ، خَلَقَ الإِنسَانَ مِنْ عَلَقٍ، اقْرَأْ وَرَبُّكَ الأَكْرَمُ، الَّذِي عَلَّمَ بِالْقَلَمِ، عَلَّمَ الإِنسَانَ مَا لَمْ يَعْلَمْ)[العلق:١-٥]، وقال جل ثناؤه: (ن وَالْقَلَمِ وَمَا يَسْطُرُونَ)[القلم:١]، وإذا كان كذا فليس ببعيد أن يُوقف آدم عليه السلام أو غيره من الأنبياء - عليهم السلام - على الكتاب، فأما أن يكون مُخْتَرَعٌ اخترعه من تلقاء نفسه فشىء لا تعلم صحته إلا من خبر صحيح "[٣] .

يقول السيوطى معلقًا على كلام ابن فارس: " يؤيد ما قاله من التوقيف ما أخرجه ابن أشتة من طريق سعيد بن جبير عن ابن عباس قال: أول كتاب أنزله الله من السماء أبو جاد .

---

(١) انظر : الصاحبى لابن فارس ص ١٠ ، والمزهر للسيوطى ٢ / ٣٤١ .

(٢) انظر : الصاحبى ص ١٠ ، والمزهر ٢ / ٣٤٢ .

(٣) الصاحبى ص ١٠ ، ١١ .

وأخرج الإمام أحمد بن حنبل فى مسنده عن أبى ذر أن النبى صلى الله عليه وسلم قال: أول من خط بالقلم إدريس- عليه السلام " [(١)] . ويقول ابن كثير فى قوله تعالى: (ن وَالْقَلَمِ وَمَا يَسْطُرُونَ)[القلم :١]: " والقلم " الظاهر أنه جنس القلم الذى يكتب به كقوله: (اقْرَأْ وَرَبُّكَ الأَكْرَمُ، الَّذِي عَلَّمَ بِالْقَلَمِ، عَلَّمَ الإِنسَانَ مَا لَمْ يَعْلَمْ)[العلق:٣- ٥]، فهو قسم منه تعالى، وتنبيه لخلقه على ما أنعم عليهم من تعليم الكتابة التى بها تنال العلوم؛ ولهذا قال: (وما يسطرون) قال ابن عباس ومجاهد وقتادة يعنى: وما يكتبون .... " [(٢)] .

٢ - النظرية الجنوبية (الحميرية) :

ذهب قوم إلى أن الخط العربى مشتق من خط المسند الحميرى، وأصحاب هذا الرأى لا يستندون إلى دليل مادى، فليست هناك علاقة ظاهرة بين خطوط حمير فى اليمن، والخط العربى الذى انتهى إلينا. ومصدر هذه النظرية أن اليمن فرضت فى وقت ما سلطانها السياسى على بعض الأمم العربية الشمالية فى حكم دولتى سبأ وحمير فى القرنين الأول والثانى قبل الميلاد، وأنها فرضت ثقافتها كذلك، واحتمال آخر لهذه النظرية هو الاقتناع بأن مؤسسى الدولة السبئية فى اليمن نزحوا من إقليم الجوف فى شمالى نجد والحجاز؛ وهو الإقليم الذى كان الآشوريون يعرفونه باسم عريبى، وكانت تحكمه ملكات من بينهن ملكة سبأ، ومن ثم يحتمل أن تكون هذه العلاقات التى أقامتها السياسة والهجرة بين جنوبى بلاد العرب وشماليها سببًا فى الاعتقاد الذى فشا وثبت خطؤه ، وهو أن العرب الشماليين أخذوا خطهم من

---

(١) المزهر ٢ / ٣٤٣ .

(٢) تفسير القرآن العظيم ٤ / ٤٠٠ .

الخط المسند الحميرى الجنوبي. والذى يؤكد فساد هذه النظرية أن النقوش الحميرية الجنوبية لم تجاوز فى رحلتها نحو الشمال بلاد مدين فى إثر سلطان اليمن السياسى، وأن ظهورها فى تلك الأنحاء كان أثرًا من آثار الاستعمار اليمنى لديار اللحيانيين والثموديين والصفويين فى الشمال، الذى زال بزوال ذلك السلطان.

وبالمقارنة بين النقوش الحميرية المكتشفة فى اليمن، والنقوش العربية الأولى لم توجد أية علاقة بين المجموعتين، ويرى ابن خلدون[١] أن الخط العربي بلغ فى دولة التبابعة فى اليمن مبلغًا من الإحكام والإتقان والجودة؛ لما بلغت دولة التبابعة من الحضارات والترف، ويذهب إلى أن الخط الحميرى انتقل من اليمن إلى الحيرة لما كان بها (بالحيرة) من دولة آل المنذر نسباء التبابعة فى العصبية، والمجددين لملك العرب بأرض العراق، ثم يذهب أبعد من هذا فيقول: " فالقول بأن أهل الحجاز إنما لقنوها من الحيرة، ولقنها أهل الحيرة من التبابعة وحمير هو الأليق من الأقوال"[٢] .

ابن خلدون يرى - خطأ - أن الخط الذى انتهى إلى قريش وكتبت به فى الإسلام متصاعد إلى الحيرة من اليمن ثم منحدر من الحيرة إلى الحجاز، أى إنه يرى أن الأصل فى الخط العربي الحجازى الذى نكتب به هو خط التبابعة المشهور بالمسند الحميرى، علمًا بأنه يعترف فى كلامه عن الخط العربي بأن الخط المسند خط منفصل الحروف[٣] ، وليس الخط العربي الذى انتهى إلى قريش على هذه الصورة.

---

(١) انظر : مقدمة ابن خلدون ص ٤٦٥ ، ٤٦٦ .

(٢) مقدمة ابن خلدون ص ٤٦٦ .

(٣) انظر : مقدمة ابن خلدون ص ٤٦٦ .

٣ - النظرية الشمالية (الحيرية) :

هذه النظرية يذكرها عدد من المؤرخين العرب على رأسهم البلاذرى الذى يروى عن عباس بن هشام بن محمد بن السائب الكلبى عن جده، وعن الشرقى القطامى أن ثلاثة من طيئ اجتمعوا فى (بقة) هم: مرامر بن مرة، وأسلم بن سدرة ، وعامر بن جدرة، وقاسوا هجاء العربية على هجاء السريانية فتعلم منهم قوم من أهل الأنبار، ثم تعلم عن هؤلاء نفر من أهل الحيرة ... يقول : " وكان بشر بن عبد الملك الكندى أخو الأكيدر صاحب دومة الجندل يأتى الحيرة فيقيم بها الحين فتعلم الخط العربى من أهلها، ثم أتى مكة فى بعض شأنه، فرآه سفيان بن أمية بن عبد شمس، وأبو قيس بن عبد مناف بن زهرة بن كلاب يكتب، فسألاه أن يعلمهما الخط، فعلمهما الهجاء ثم أراهما الخط فكتبا، ثم أتى بشر وقيس الطائف فى تجارة يصحبهما غيلان بن سلمة الثقفى، وكان قد تعلم الخط منهما، فتعلم الخط منهم نفر من أهل الطائف .. ثم مضى بشر إلى ديار مضر فتعلم الخط عنه نفر منهم، ثم رحل إلى الشام فتعلم الخط منهم أناس هناك ... وهكذا عرف الخط بتأثير الثلاثة الطائيين وبشر عدد لا يحصى من الخلق فى العراق والحجاز وديار مضر والشام "[(١)] .

هذه النظرية تحاول تفسير انتقال الكتابة العربية من الحيرة إلى الحجاز عن طريق وسيط؛ وهو دومة الجندل والعراق الأوسط؛ وذلك فى أواخر القرن السادس الميلادى؛ لأنها عاصرت سفيان وحربًا، وقد كان الخط فى هذه الفترة كما

(١) فتوح البلدان للبلاذرى - القسم الثالث ص ٥٩٧ ، وانظر : قصة الكتابة العربية ص ١١ ، ١٢ .

ذكرابن النديم[١] ، وكما يوجد فى أوراق البردى التى وصلت إلينا - يتضمن أنواعًا منها : المدور، والمثلث، والتئم الذى يجمع بين النوعين.

والذى يقبل من هذه النظرية أن تكون الحيرة مركزًا من مراكز تعليم الخط العربى، وأن الخط العربى قد انتهى إلى بلاد الحيرة بعد أن اتخذ طريقه من بلاد الأنباط إلى الحجاز مارًّا بدومة الجندل والعراق الأوسط؛ لأن المار من حوض الفرات الأوسط إلى الحجاز لابد له من المرور فى ذلك الوقت بدومة الجندل.

" أما قصة الثلاثة من طيئ مرامر وأسلم وعامر - إن صحت هذه القصة - فلا يتجاوز صنيعهم أن يكون ابتكارًا لخط استعاروه من الأنباط الذين كانوا يرحلون إلى حوض الفرات الأوسط، على أن السجع فى أسمائهم الذى يحسن سماعه يثير الشك فى صحة هذه القصة " [٢].

٤ - نظرية الخط المصرى القديم [٣] :

يذهب أصحاب هذا الرأى إلى أن أصل الكتابة المعروفة الآن فى العالم المتمدن نشأت فى وادى النيل بشكل الصور الهيروغليفية ثم حولها الفينيقيون إلى الحروف الهجائية، وعلموها لليونان فى القرن السادس عشر قبل الميلاد، وللآشوريين بعد ذلك، وعرفت بالكتابة الآرامية، وعرفها أصحاب المسند ؛ وهم الحميريون.

---

(١) انظر : الفهرست ص ١٤ .

(٢) الخطاطة : الكتابة العربية ص ٢٣ .

(٣) انظر : تاريخ الأدب أو حياة اللغة العربية لحفنى ناصف ص ٥١ ، وتاريخ الخط العربي وآدابه لمحمد طاهر الكردى ص ٥٢ ، والخطاطة : الكتابة العربية ص ٢٣ ، والكتابات العربية على الآثار الإسلامية ص ٢٨

٥ - النظرية الحديثة [١] :

اختلفت الآراء فى شأن الأصل الذى اشتقت منه الكتابة العربية الشمالية التى هى كتابتنا الآن، لكنه أصبح من المقطوع به أن العرب لم يعرفوا الكتابة إلا حيث كان لهم بالمدنية اتصال، وقد كان اتصال العرب بالمدنية نتيجة هجرتهم من قلب الجزيرة وأوساطها إلى أطرافها فى البقاع التى تتمتع بالغنى والحضارة فى تخوم اليمن ووادى الفرات الأوسط وسوريا ونجوع النبط وحوران، وفى هذه البقاع خرجت بعض القبائل العربية عن طبيعتها البدوية، وعرفت نوعًا من الاستقرار، وأخلدت إلى حياة جديدة، واتخذت أساليب الحضر فى كثير من طرائق المعيشة ومظاهر العمران. وكان من أكثر هذه القبائل تحضرًا ما نزل منها على تخوم الشام؛ لأنهم أفادوا من الحضارة الرومانية، وقد نزلت قبائل من الأعراب لها صلة بعرب الجنوب فى المنطقة الممتدة من شمالى الحجاز وخليج العقبة - حيث يقع الآن إقليم شرق الأردن حتى منطقة دمشق - وكونت لها حضارة تختلف عن حضارة العرب الجنوبية، فلما ضعفت الدولة الرومانية، وما جاورها من البلاد المتحضرة عظم شأن هذه القبائل فنشأت منها ممالك، كان من أشهرها مملكة الأنباط التى اتخذت عاصمتها البتراء والتى استمرت مزدهرة ما يقرب من خمسة قرون، كانت فى خلالها مركزًا تجاريًا هامًّا على طريق القوافل بين بلاد اليمن، وبلاد البحر المتوسط، وقد أغار الأنباط أول أمرهم على أقاليم آرامية، وتحضروا بحضارتها، واستعملوا لغة الآراميين فى حياتهم، واشتقوا من الخط الآرامى خطًّا لهم، وهو الخط الذى

---

(١) انظر : قصة الكتابة العربية ص ١٥ ٠ ٢ ، والخطاطة : الكتابة العربية ص ٢٣ - ٢٧ ، والكتابات العربية على الآثار الإسلامية ص ٢٨ ، ٢٩ .

نسب إليهم فعرف بالخط النبطى. وقد زالت مملكة الأنباط (١٦٩ق.م - ١٠٦م) من الوجود فى أواخر القرن الثانى الميلادى، بيد أن الخط النبطى ظل يكتب به الأعراب فى شمالى شبه الجزيرة ما يقرب من ثلاثة قرون.

من الكلام السابق يتضح أن الأنباط مروا فى كتابتهم بثلاث مراحل :

المرحلة الأولى : وفيها كتبوا بالحروف الآرامية التى تميل إلى التربيع، ومن سلالتها التدمرية والعبرية.

المرحلة الثانية : وهى مرحلة الانتقال من الخط الآرامى إلى الخط النبطى.

المرحلة الثالثة : وهى مرحلة النضوج التى انتهى فيها الخط النبطى إلى صورته المعروفة التى تميل إلى الاستدارة أى إلى الخط العربى.

وقد أثبت البحث العلمى أن العرب الشماليين اشتقوا خطهم من آخر صورة وصل إليها الخطاب النبطى، وعلى نحو ما استعار النبط خطهم الأول من الآراميين استعار العرب خطهم الأول من الأنباط؛ لذلك نلاحظ أن الصورة الأولى للخط العربى لا تختلف كثيرًا عن الخط النبطى، ولم يتحرر الخط العربى من هيئته النبطية إلا بعد قرنين من الزمان بعد أن طوره العرب الحجازيون؛ أى إن رحلة تحول الخط العربى من صورته النبطية الخالصة إلى صورته العربية المعروفة قد استغرقت فترة امتدت من منتصف القرن الثالث الميلادى حتى نهاية القرن السادس الميلادى هذه الفترة الزمنية تعد مرحلة اقتباس وانتقال، والذى يساعد على التيقن من أن العرب اشتقوا خطهم من خطوط النبط - وجود سوق نبطية فى المدينة فى نهاية القرن

الخامس الميلادى ، هذه السوق يدل وجودها على وجود علاقات تجارية هامة بين بلاد النبط والحجاز .

وهكذا ليس ببعيد أن تكون الكتابة قد انتهت إلى عرب الحجاز مع التجارة التى كان يمارسها القرشيون واليهود مع الأنباط، وأن تكون رحلات الشتاء والصيف قد أفادت العرب فائدة ثقافية كبرى إلى جانب إفادتهم من الناحية المادية.

ويرى العلماء أن هذا الرأى هو أصح الآراء ؛ لوجود شبه بين النقوش العربية، والنقوش النبطية الأصلية .

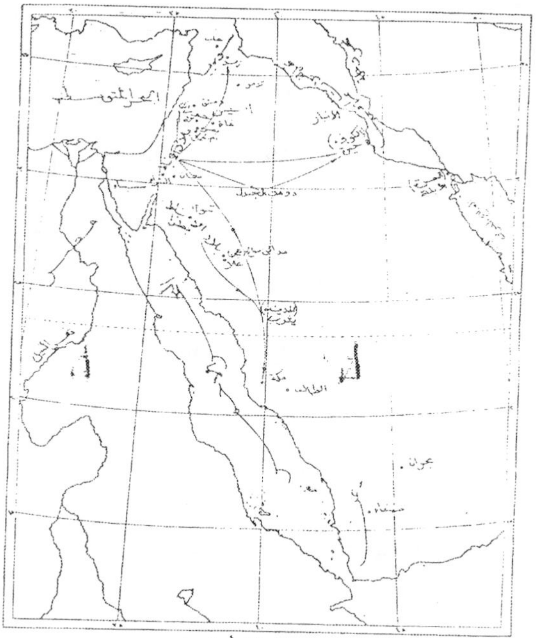

طرق انتشار الخط العربى

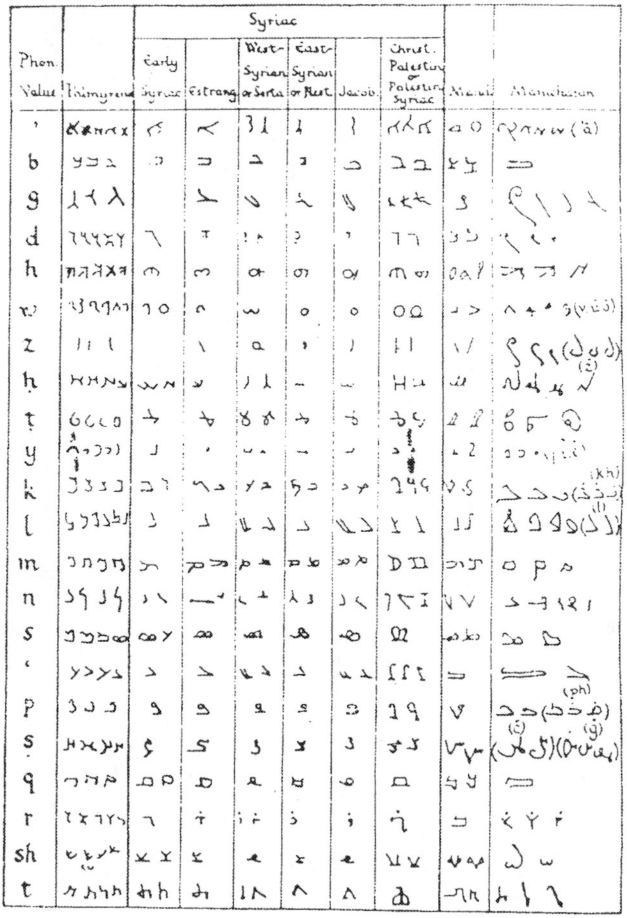
Phon. Value
Palmyrene
Syriac
Early Syriac
Estrang.
West-Syrian or Serta
East-Syrian or Nest.
Jacob.
Christ. Palestin. or Palestin. Syriac
Mandaic
Manichaean
'
b
g
d
h
w
z
ḥ
ṭ
y
k
l
m
n
s
'
p
ṣ
q
r
sh
t

النقوش العربية قبل الإسلام [١] :

توصل علماء الساميات بعد مقارنة خطوط النقوش ودراستها إلى أن أصل الخط العربي مأخوذ من الخط النبطى، وكان لاكتشاف مجموعة من النقوش العربية التى كتبت قبل الإسلام توثيق لهذه الدراسات؛ حيث إن هذه النقوش تبين الصلة بين الخط النبطى والخط العربى، والنقوش هى :

١ - نقش أم الجمال (٢٥٠ - ٢٧٠ م) :

هذا النقش مكتوب بلغة نبطية آرامية، وقد عثر عليه فى أم الجمال غرب حوران بسوريا، وهو لفهر بن سُلّى مربى جذيمة ملك تنوخ، وقد ترجم هذا النص إلى العربية وأرخ فيما بين (٢٥٠ - ٢٧٠ م) وترجمته هى :

١ - دنه نفسو فهرو	١ - هذا قبر فهر
٢ - برشلى ربو جذيمه	٢ - ابن سلى مربى جذيمة
٣ - ملك تنوخ	٣ - ملك تنوخ

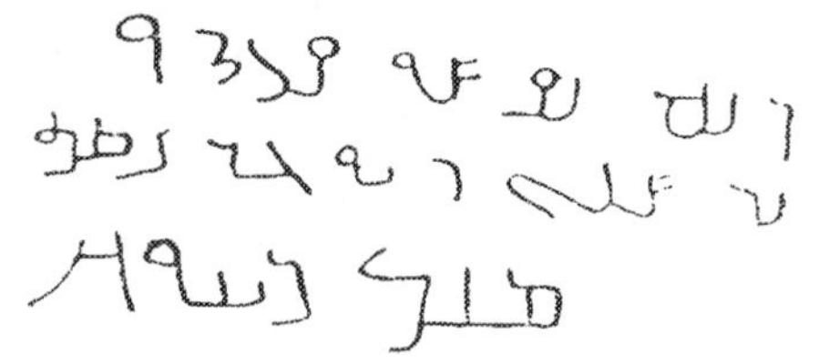

(١) انظر : تاريخ اللغات السامية ص ١٨٩ - ١٩٤ ، والخط والكتابة فى الحضارة العربية ص ٣١ - ٣٩ ، وتاريخ الأدب العربى : العصر الجاهلى ص ٣٥ - ٣٧ ، والخطاطة : الكتابة العربية ص ٢٧ - ٣٥ ، والكتابات العربية على الآثار الإسلامية ص ٣٠ - ٣٣ ، والكتابات العربية حتى القرن السادس الهجرى ص ٣٦ - ٤٠ .

٢ - نقش النمارة (٣٢٨ م) :

اكتشف هذا النقش على بعد ميل من النمارة من أعمال حوران بسوريا، وتاريخه ٣٢٨ م.

ويعد هذا النقش أقدم كتابة عربية شمالية بلغة عدنان القديمة، عثر عليها حتى الآن، وهو لامرئ القيس بن عمرو، وهو من خمسة أسطر، ونصه :

١ - تى نفس مر القيس بر عمرو ملك العرب كله ذو أسر التاج.

٢ - وملك الأسدين ونزرو وملوكهم وهرب مذحجو عكدى وجا.

٣ - بزجى فى حبج نجران مدينة شمر وملك معدو ونزل بنيه.

٤ - الشعوب ووكلهن فرسو لروم فلم يبلغ ملك مبلغه.

٥ - عكدى هلك سنة ٢٢٣ يوم ٧ بكسلول بلسعد ذو ولده.

يلاحظ أن الكاتب بدأ النقش فى السطر الأول بكلمة (تى) الإشارية التى هى اسم إشارة للمؤنث، والمشار إليه كلمة (نفس) ولعلها هنا بمعنى جسد، وقد استخدم (ذو) بمعنى الذى، وهى لهجة عربية معروفة بين بعض القبائل، مثل طيئ، ومن الشواهد الشعرية على ذلك قول سنان بن الفحل الطائى [الوافر] :

فإن الماء ماء أبي وجدى   وبئرى ذو حفرت وذو طويت

كما استخدم الكاتب كلمة (أسر) بمعنى عصب وعقد، وهو من معانيها فى المعاجم العربية[1]، وقد حذف الألف من كلمة التاج ولم يكونوا يثبتونها حينئذ، وليس فى هذا السطر كلمة غريبة سوى كلمة (بر) التى استخدمها الكاتب بمعنى

---

(١) انظر : لسان العرب [أ س ر] ١ / ٧٨ .

ابن، وهى آرامية. **وفى السطر الثانى:** أضاف الكاتب واوًا إلى (نزرو ومذحجو) وهذا موافق لكتابة النبط التى تضيف إلى الأعلام الواو، أما (عكدى) فلعلها (عكديا) حذفت منها الألف، وفى المعاجم العكد: القوة[١]، ويريد بالأسدين قبيلتى أسد. **وفى السطر الثالث:** يستخدم الكاتب كلمة (بزجى) من الفعل زجا بمعنى دفع[٢]، أى باندفاع، ومعنى (حبج) فى المعاجم[٣]: أشرف، وكأنها استعملت فى النص مصدرًا بمعنى مشارف أو حدود و (شمر) من الملوك الحميريين، واستخدم كلمة نزل بنيه الشعوب بمعنى جعلهم على الشعوب. **وفى السطر الرابع:** (ووكلهن) بإضافة نون التوكيد إلى الفعل بعد الضمير، ومعنى العبارة: ووكله الفرس والروم. **وفى السطر الخامس:** بلسعد ذو ولده؛ أى ليسعد الذى ولده.

هذا النقش يمثل طورًا من أطوار العربية التى نزل بها القرآن الكريم؛ فكلماته جميعًا عربية ما عدا كلمة (بر) الآرامية، وقد استخدمت فيه (أل) أداة للتعريف؛ فهو عربى فى صورة خطه، وهو فى مرحلة تاريخية تظهر فى وضوح تطور الخط العربى إذا ما قيس بنقوش القرن الثالث الميلادى، ومنها نقش أم الجمال الذى سبق عرضه، ومن هنا يعد هذا النقش هو النص العربى الأول.

وترجمته إلى العربية :

١- هذه نفس (قبر) امرئ القيس بن عمرو ملك العرب كلها الذى عقد التاج.

---

(١) انظر : القاموس المحيط [ع ك د] ١ / ٣١٣ .
(٢) انظر : المصباح المنير [ز ج ا] ١ / ٢٥١ .
(٣) انظر : القاموس المحيط [ح ب ج] ١ / ١٨١ .

٢- وملك قبيلتى أسد ونزار وملوكهم وشتت مذحجا بالقوة وجاء.

٣- باندفاع (بانتصار)فى مشارف نجران مدينة شمر وملك معدا واستعمل (وولى)

٤ - أبناءه على القبائل كلهم فرسانًا للروم.

بنيه الشعوب، ووكله الفرس والروم، فلم يبلغ منك مبلغه.

٥ - فى القوة . هلك سنة ٢٢٣ يوم ٧ من كسلول ليسعد الذى ولده.

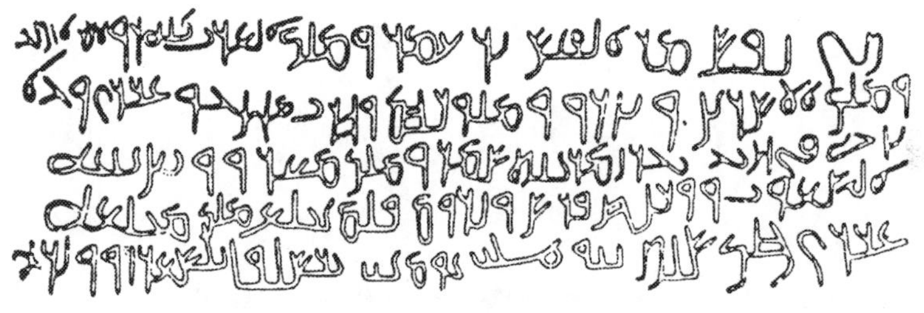

٣ - نقش زَبَد (٥١٢ م) :

هذا النقش عثر عليه فى خربة زَبَد التى تقع جنوبى شرق حلب بين قنسرين ونهر الفرات، ويرجع تاريخه إلى سنة ٥١٢م، وعليه ثلاث كتابات: اليونانية والسريانية والخط النبطى المتأخر (العربى القديم). وخطه قريب الشبه بالخط الكوفى الإسلامى، وإن كانت بعض كلماته غير مقروءة، وهى لا تعدو كلمة واحدة فى السطر الأول، وكلمة أو كلمتين فى آخر السطر الثانى، أما بقية كلماته فهى عربية الخط على اختلاف العلماء فى قراءتها. ونص النقش :

١ - (باسـ) ـم الإله شر حوبر .... منقدو .... بر مر القيس.

٢ - وشر حوبر سعد وسترو وشريحو .....

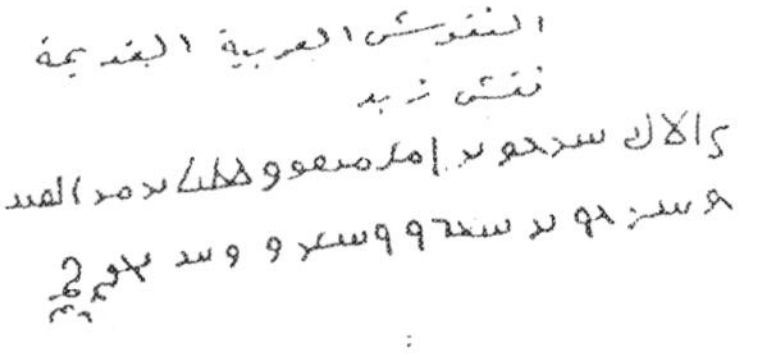

٤ - نقش أسيس (٥٢٨ م) [(١)] :

هذا النقش عثر عليه فى جبل أسيس الذى يبعد (١٠٥) كيلو مترات جنوبى شرق دمشق، ونصه:

١ - إبراهيم بن مغيرة الأوسى. ٢ - أرسلنى الحرث الملك على.

٣ - سليمن مسلحه سنت.   ٤ - ٤٢٣.

الحارث الذى ذكر فى السطر الثانى هو الحارث بن جبلة الذى انتصر على المنذر الثالث اللخمى عام ٥٢٨ م.

والذى أوفد كاتب هذا النص إبراهيم بن مغيرة الأوسى ضد سليمان، أرسله حرسًا للحدود تقييمًا لانتصاره على الحيرة؛ إذ أصبح الحارث سنة ٥٢٩ م رئيسًا على جميع القبائل العربية الموجودة فى سوريا من قِبل القيصر جوستنيان.

٥ - نقش حَرَّان ٥٦٨ م :

هذا النقش عثر عليه فى المنطقة الشمالية من جبل الدروز ويعود تاريخه إلى سنة ٥٦٨ م، وهو مكتوب على حجر فوق باب كنيسة فى اللجا فى حران، وعليه كتابتان باليونانية، وبالعربية.

---

(١) انظر : الخط والكتابة فى الحضارة العربية ص ٣٢ ، ومبدأ ظهور الحروف العربية وتطورها لغاية القرن الأول الهجرى ص ٩٧ .

ويقول المستعربون إن هذا النقش لأمير من كندة وضعه على باب كنيسة بمناسبة افتتاحها، هذه المناسبة التى أقيمت ليوحنا المعمدان.

وهذا النقش كتب بخط واضح يشبه الخط النسخى القديم لقربه من العصر الإسلامى المبكر الذى قدر له أن يتطور حتى وصل إلى الصورة المفضلة لتدوين الدواوين والمعارف.

وقد وفق ليتمان فى قراءته بصورة صحيحة كالآتى :

١ - أنا شرحيل بر (بن) ظلمو (ظالم) بنيت ذا (هذا) المرطول.

٢ - سنت (سنة) ٤٦٣ بعد مفسد.

٣ - خيبر.

٤ - بعم (بعام) .

وقد رأى المستشرق نولدكه أن هذا التاريخ بعد مفسد خيبر بعام يصادف ٥٦٨ - ٥٦٩ بعد الميلاد؛ أى قبل التاريخ الهجرى بأربع وخمسين سنة.

٦ - نقش أم الجمال الثانى:

هذا النقش عثر عليه فى أم الجمال، ويعود تاريخه إلى أواخر القرن السادس بعد الميلاد، وهو أحدث نص عربى عثر عليه حتى الآن

ونصه كما قرأه ليتمان :

١ - الله غفر لأليه.

٢ - بن عبيده كاتب.

٣ - الخليد الأعلى بن.

٤ - عمرى كتب عنه من.

٥ - يقرؤه.

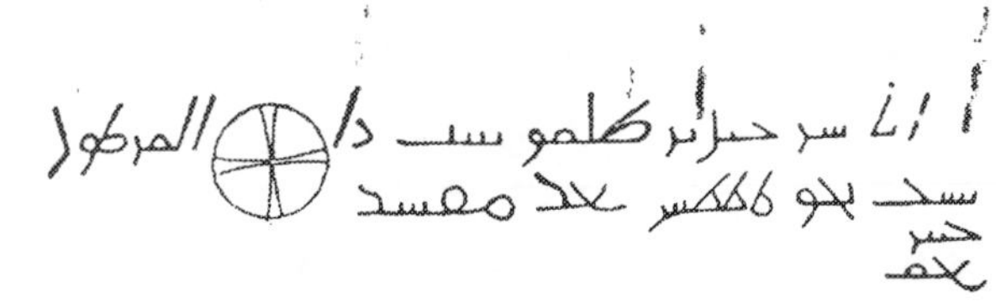

نقش حران المؤرخ ٥٦٨ م آخر مراحل الانتقال من الخط النبطي إلى الخط العربي الحجازي

شكل رقم (٥)

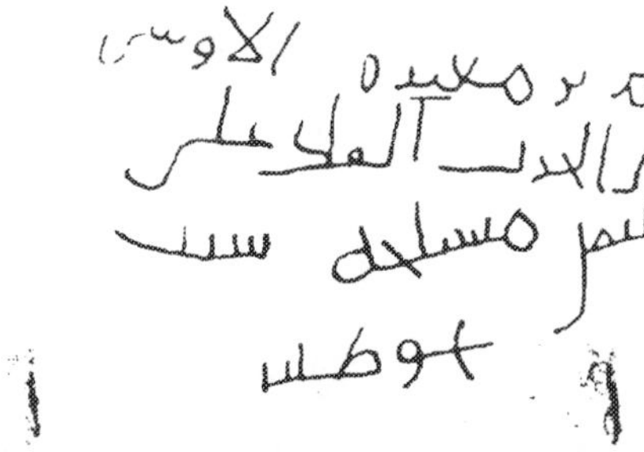

نقش جبل أسيس

شكل رقم (٤)

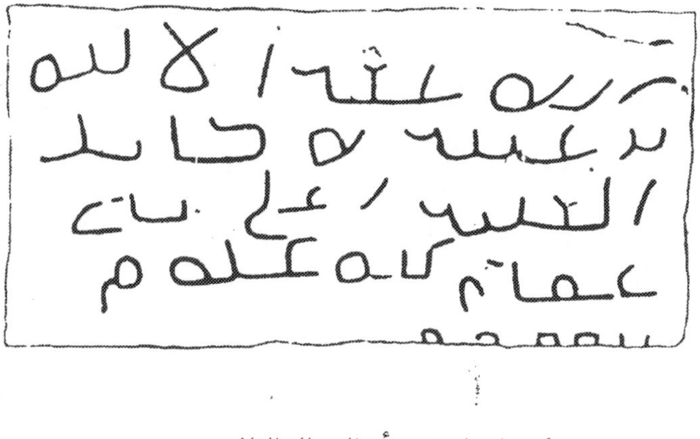

شكل (٦) نقش أم الجمال الثاني

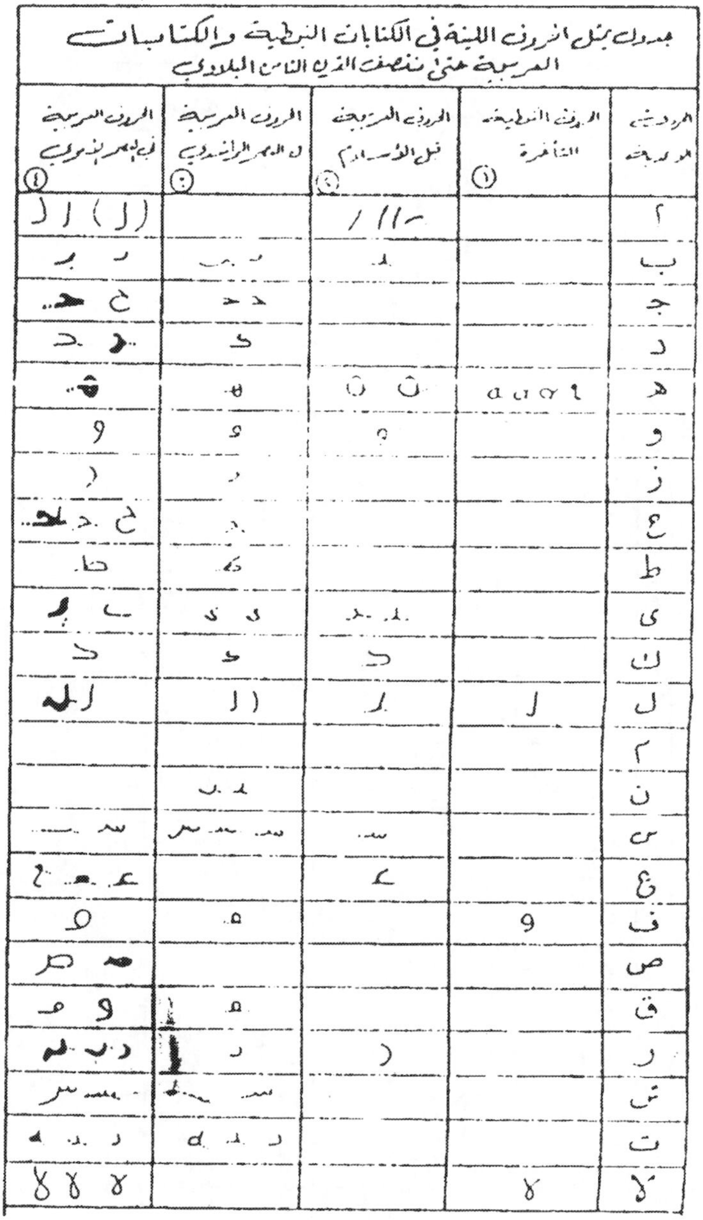
جدول يمثل الحروف اللينة في الكتابات النبطية والكتابات العربية حتى منتصف القرن الثامن الميلادي
الحروف العربية الحديثة
الحروف النبطية المتأخرة (١)
الحروف العربية قبل الإسلام (٢)
الحروف العربية في العصر الراشدي (٣)
الحروف العربية في العصر الأموي (٤)
ا
ب
ج
د
هـ
و
ز
ح
ط
ى
ك
ل
م
ن
س
ع
ف
ص
ق
ر
ش
ت
لا

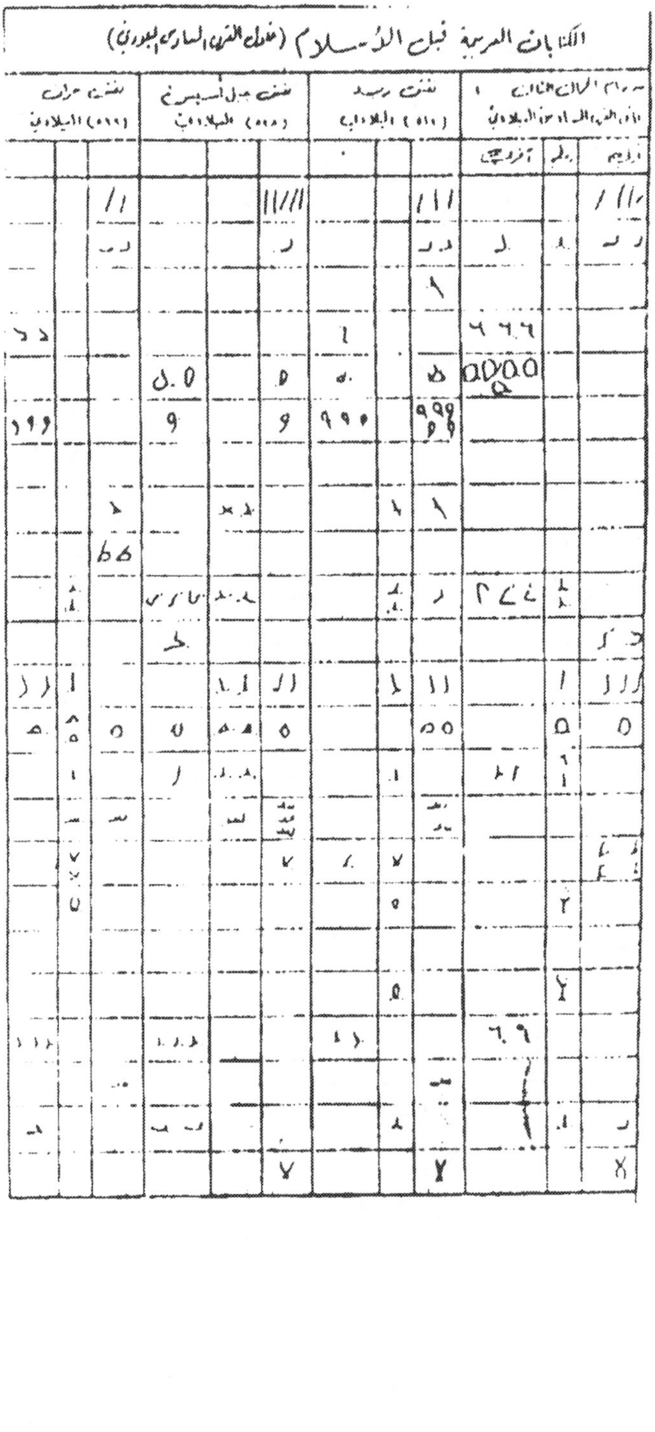
الكتابات العربية قبل الإسلام (خلال القرن السادس الميلادي)
نقش حران (٥٦٨) الميلادي
نقش جبل أسيس (٥٢٨) الميلادي
نقش زبد (٥١١) الميلادي

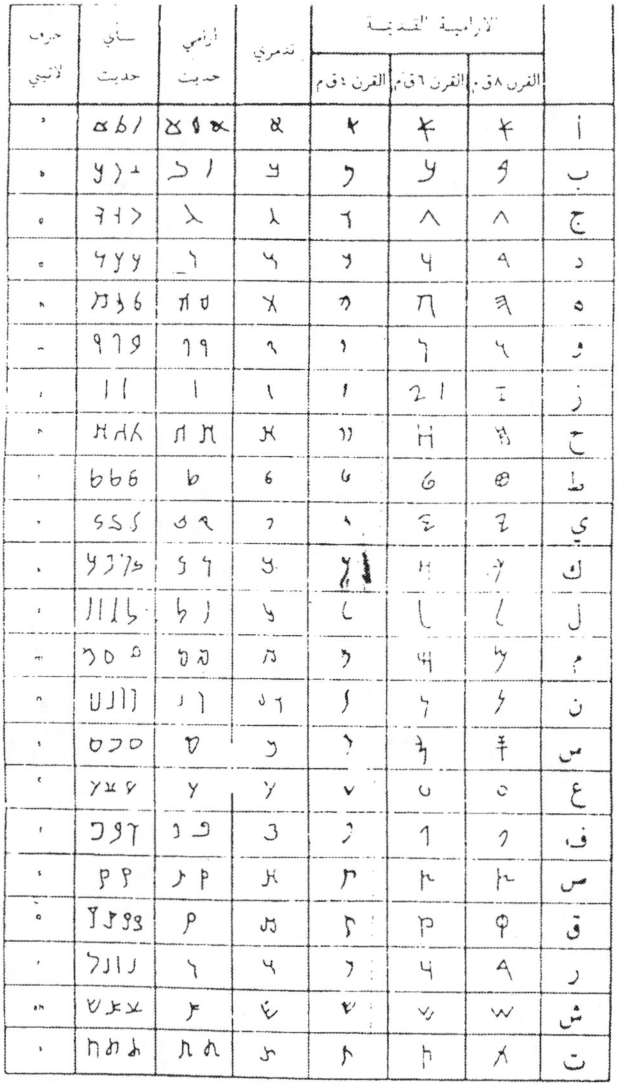
الآرامية القديمة
القرن ٨ ق.م
القرن ٦ ق.م
القرن ٤ ق.م
تدمري
آرامي حديث
حديث
حرف لاتيني
أ
ب
ج
د
ه
و
ز
ح
ط
ي
ك
ل
م
ن
س
ع
ف
ص
ق
ر
ش
ت

الأحرف السابقة للأحرف العربية الحديثة

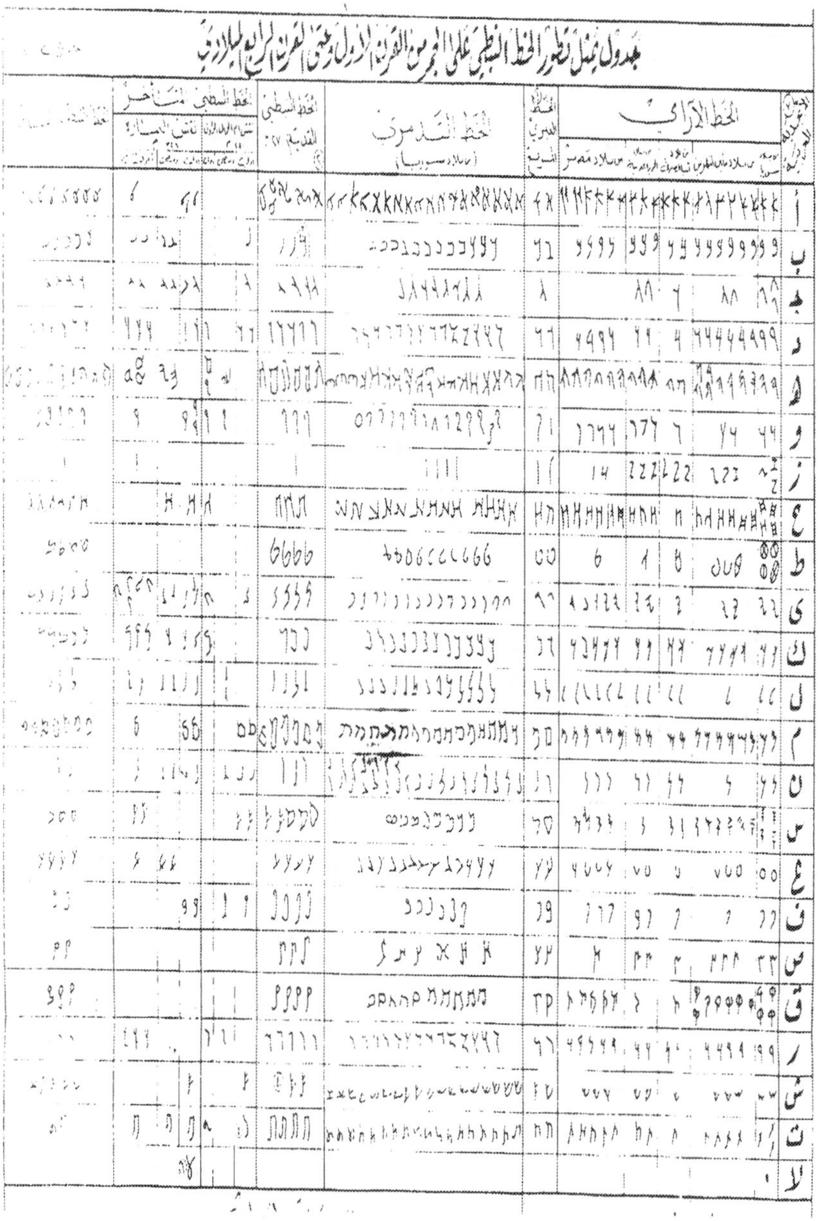
جدول يمثل تطور الخط النبطي ... من القرن الأول حتى القرن الرابع الميلادي
الخط الآرامي
الخط التدمري
الخط النبطي القديم
الخط النبطي المتأخر
أ
ب
ج
د
ه
و
ز
ح
ط
ي
ك
ل
م
ن
س
ع
ف
ص
ق
ر
ش
ت
لا

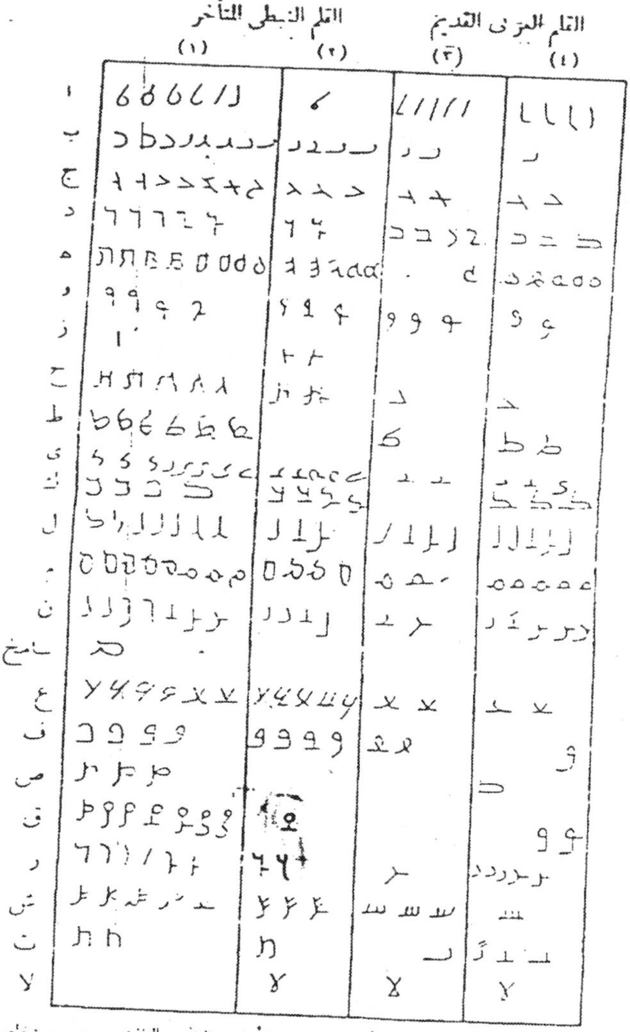
القلم النبطي المتأخر
القلم العربي القديم
(١)
(٢)
(٣)
(٤)
ا
ب
ج
د
ه
و
ز
ح
ط
ى
ك
ل
م
ن
س خ
ع
ف
ص
ق
ر
ش
ت
لا

(١) نماذج من القلم النبطي المتأخر في القرن الأول والثاني والثالث ب . م مستخلصة من نقوش بطرا والحجر.

(٢) نماذج من حروف نقش نمارة من القرن الرابع ب . م

(٣) نماذج من حروف نقش زبد وحران من القرن السادس ب . م

(٤) نماذج من حروف عربية مستخلصة من نقوش عربية في القرن الأول للهجرة

هذا، والذى يدقق النظر فى النقوش السابقة التى يرجع تاريخها فيما بين سنة ٢٥٠م، ونهاية القرن السادس الميلادى، يلاحظ أنها تمثل مراحل التطور التى مرت بها الكتابة من الشكل النبطى إلى صورتها العربية التى اتخذها العرب، ودونوا بها فى الجاهلية.

وهى " تقطع بأن الخط العربى الذى كتب به القرآن قد تولد عن الخط النبطى، وهى فى الوقت نفسه تدل دلالة واضحة على أن الكتابة قد وجدت فى شبه الجزيرة العربية قبل الإسلام، وإن ظل استعمالها قاصرًا على نطاق جيد لا يتعداه إلى مختلف شئون الحياة التى كان يحياها القوم "[١] .

(١) المخطوط العربى ص ٤٧ ، ٤٨ .

الفصل الثالث

الكتابة فى العصر الإسلامى

مقدمة :

عرفنا فى الفصل السابق أن الكتابة كانت معروفة عند العرب فى العصر الجاهلى، وقد ذكر القرآن ذلك فى بعض آياته، يقول سبحانه حكاية عن المشركين: (وَقَالُوا أَسَاطِيرُ الأَوَّلِينَ اكْتَتَبَهَا فَهِيَ تُمْلَى عَلَيْهِ بُكْرَةً وَأَصِيلاً) [الفرقان : ٥].

الآية تبين أن أهل الجاهلية كانوا على علم بتاريخ الأمم السابقة وأخبارها، وكانوا يدونون تلك الأساطير ويملونها فى مجالسهم؛ فالنضر بن الحارث كان إذا جلس رسول الله صلى الله عليه وسلم مجلسًا فدعا فيه إلى الله تعالى، وتلا فيه القرآن وحذر قريشًا ما أصاب الأمم الخالية، خلفه فى مجلسه إذا قام فحدثهم عن رستم السنديد، وعن اسبنديار، وملوك فارس ثم يقول: والله ما محمد بأحسن حديثًا منى، وما حديثه إلا أساطير الأولين اكتتبها كما اكتتبها[(١)] .

ويحدثنا القرآن الكريم عن العرب وهم بصدد إنكارهم لرسالة الإسلام قد طالبوا رسول اللهصلى الله عليه وسلم بأن ينـزل عليهم كتابًا من السماء يقرءونه، قال تعالى عنهم: (وَقَالُواْ لَن نُّؤْمِنَ لَكَ حَتَّى تَفْجُرَ لَنَا مِنَ الأَرْضِ يَنبُوعًا، أَوْ تَكُونَ لَكَ جَنَّةٌ مِّن نَّخِيلٍ وَعِنَبٍ فَتُفَجِّرَ الأَنْهَارَ خِلالَهَا تَفْجِيرًا، أَوْ تُسْقِطَ السَّمَاء كَمَا

---

(١) انظر : سيرة ابن هشام ١ / ١٨٠ .

زَعَمْتَ عَلَيْنَا كِسَفًا أَوْ تَأْتِيَ بِاللهِ وَالْمَلآئِكَةِ قَبِيلاً، أَوْ يَكُونَ لَكَ بَيْتٌ مِّن زُخْرُفٍ أَوْ تَرْقَى فِي السَّمَاء وَلَن نُّؤْمِنَ لِرُقِيِّكَ حَتَّى تُنَزِّلَ عَلَيْنَا كِتَابًا نَّقْرَؤُهُ ....)[الإسراء :٩٠- ٩٣].

ويبين القرآن الكريم أن هؤلاء المنكرين لو نزل عليهم الكتاب الذى يطلبونه ما آمنوا قال تعالى: ﴿وَلَوْ نَزَّلْنَا عَلَيْكَ كِتَابًا فِي قِرْطَاسٍ فَلَمَسُوهُ بِأَيْدِيهِمْ لَقَالَ الَّذِينَ كَفَرُواْ إِنْ هَذَا إِلاَّ سِحْرٌ مُّبِينٌ﴾[الأنعام : ٧].

وجاء فى شعر الشعراء الجاهليين تشبيهات يشبهون فيها الأطلال ورسوم الديار بالكتابة ونقوشها ، من ذلك قول لبيد بين ربيعة فى مطلع معلقته [الكامل]:

عَفَتِ الدِيارُ مَحَلُّها فَمُقامُها   بِمِنىً تَأَبَّدَ غَوْلُها فَرِجامُها

فَمَدافِعُ الرَيّانِ عُرِّيَ رَسمُها   خَلَقاً كَما ضَمِنَ الوُحِيَّ سِلامُها

يشبه لبيد فى البيت الثانى آثار المنازل بكتاب فى حجارة؛ لأن " الوحى هو الكتاب، يقال: وحيت أحِي وَحْيا: إذا كتبت قال الله عز وجل: ﴿فَأَوْحَى إِلَيْهِمْ أَن سَبِّحُوا﴾[مريم :١١] أراد: كتب لهم، قال الشاعر: [الوافر]:

كَوَحيِ صَحائِفٍ مِن عَهدِ كِسرى   ∴   فَأَهداها لأَعجَمَ طِمْطِمِيِّ

وقال جرير : [الوافر]:

كَأَنَّ أَخا اليَهودِ يَخُطُّ وَحياً   بِكافٍ في مَنازِلِها وَلامِ

أراد: يكتب كتابًا "[١].

ويقول فى البيت الثامن من معلقته :

وَجَلا السُيولُ عَنِ الطُلولِ كَأَنَّها　　　زُبُرٌ تُجِدُّ مُتونَها أَقلامُها

معناه: كشفت السيول التراب عن الطلول كأنها زُبُر أى كتب لأن الزُّبُر جمع زبور وهو الكتاب، (تجد متونها أقلامها) أى يعاد عليها الكتاب بعد أن درست[٢].

وبالرغم من معرفة العرب للكتابة فى العصر الجاهلى لكنها لم تكن منتشرة بين كثير منهم، فمما يذكره المؤرخون أن الإسلام دخل وفى قريش سبعة عشر رجلاً يكتبون، وفى الأوس والخزرج أحد عشر رجلاً[٣]، وقد أجمعت كتب السيرة على أن رسول الله صلى الله عليه وسلم جعل فداء أسرى قريش يوم بدر أن الواحد منهم يعلم عشرة من صبيان المسلمين القراءة والكتابة[٤].

جمع القرآن ورسمه :

لما ظهر الإسلام بدأت الكتابة تزدهر وتنتشر ، حيث حث الإسلام على تعلم الكتابة والقراءة، قال تعالى: (اقْرَأْ بِاسْمِ رَبِّكَ الَّذِي خَلَقَ ، خَلَقَ الإنسَانَ مِنْ عَلَقٍ، اقْرَأْ وَرَبُّكَ الأَكْرَمُ، الَّذِي عَلَّمَ بِالْقَلَمِ، عَلَّمَ الإِنسَانَ مَا لَمْ يَعْلَمْ) [العلق:١ - ٥]، وقال تعالى: (ن وَالْقَلَمِ وَمَا يَسْطُرُونَ)[القلم : ١]، وفى القرآن الكريم أمر بكتابة الدين، قال تعالى: (يَأَيُّهَا الَّذِينَ آمَنُواْ إِذَا تَدَايَنتُم

---

(١) شرح القصائد السبع الطوال الجاهليات لأبي بكر محمد بن القاسم الأنبارى ص ٥١٩ .

(٢) انظر : شرح القصائد السبع الطوال الجاهليات ص ٥٢٦ ، ٥٢٧ .

(٣) انظر : المخطوط العربي ص ٥٠ .

(٤) انظر : طبقات ابن سعد ٢ / ١٤ ، والمخطوط العربي ص ٥٠ .

بِدَيْنٍ إِلَى أَجَلٍ مُسَمًّى فَاكْتُبُوهُ وَلْيَكْتُب بَّيْنَكُمْ كَاتِبٌ بِالْعَدْلِ)[البقرة: ٢٨٢].

وفى أحاديث النبى صلى الله عليه وسلمحث على الكتابة، فقالصلى الله عليه وسلم : " قيدوا العلم بالكتاب"[١] .

وقد اتخذ النبى صلى الله عليه وسلم بضعة كتاب يكتبون الوحى والرسائل والعهود؛ منهم: على بن أبي طالب، وعثمان بن عفان، وعمر بن الخطاب، وأبو بكر الصديق، وخالد بن سعيد، وحنظلة بن الربيع، ويزيد بن أبي سفيان، ومعاوية بن أبي سفيان، وأبي بن كعب، وزيد بن ثابت، وكان زيد من ألزم الناس لذلك، ثم تلاه معاوية بعد الفتح، فكانا ملازمين الكتابة بين يدى الرسول صلى الله عليه وسلم فى الوحى وغير ذلك، لا عمل لهما غير ذلك[٢] .

وقد حظى القرآن الكريم " بأوفى نصيب من عناية النبى صلى الله عليه وسلم وأصحابه فلم تصرفهما عنايتهم بحفظه واستظهاره عن عنايتهم بكتابته ونقشه، ولكن بمقدار ما سمحت به وسائل الكتابة وأدواتها فى عصرهم "[٣] .

وكان النبى صلى الله عليه وسلم يدل كتاب الوحى على موضع المكتوب من سورته، ويكتبونه فيما يسهل عليهم من العُسُب[٤] ، واللخاف[٥] ، والرقاع[٦] ، وقطع الأديم[٧] ، وعظام الأكتاف والأضلاع، ثم يوضع المكتوب فى بيت رسول الله صلى الله عليه وسلم .

---

(١) الطبرانى فى الكبير ، والحاكم فى المستدرك عن ابن عمرو .

(٢) انظر : الخط والكتابة فى الحضارة العربية ص ٤٢ .

(٣) مناهل العرفان فى علوم القرآن للزرقانى ١ / ٢٤٦ .

(٤) العُسُب : بضم العين والسين: جمع عسيب، وهو جريد النخل المستقيمة يكشط خوصها. انظر: الوجيز [ع س ب] ص ٤١٨ .

(٥) اللخاف : بكسر اللام : جمع لَخْفة ، بفتح اللام وسكون الخاء : الحجارة الرقيقة .

(٦) الرقاع : جمع رُقعة ، قد تكون من الجلد أو الورق .

(٧) الأديم : الجلد .

وانتهى العهد النبوى والقرآن مجموع على هذا النحو، بيد أنه لم يكتب فى صحف ولا مصاحف، بل كتب منثورًا بين الرقاع والعظام ونحوها.

ولما تولى أبو بكر الصديق - رضى الله عنه - أمر الخلافة واجهته أحداث شداد ومشاكل صعاب، منها موقعة اليمامة سنة اثنتى عشرة من الهجرة التى استشهد فيها كثير من قراء الصحابة وحفظتهم للقرآن ينتهى عددهم إلى السبعين، وأنهاه بعضهم إلى خمسمائة[(١)] ، هال ذلك المسلمين ، وعز الأمر على عمر - رضى الله عنه - فدخل على أبى بكر، وأخبره الخبر، واقترح عليه أن يجمع القرآن خشية الضياع بموت الحفاظ، وقتل القراء، فتردد أبو بكر أول الأمر، ولكنه بعد مفاوضة بينه وبين عمر تجلى وجه المصلحة، فاقتنع بصواب الفكرة، وأنها ليست من محدثات الأمور الخارجة بل هى مستمدة من القواعد التى وضعها الرسول صلى الله عليه وسلم بتشريع كتابة القرآن.

اهتم أبو بكر بموضوع جمع القرآن فانتدب لذلك رجلاً اجتمعت فيه صفات ثلاث: كان من حفاظ القرآن، ومن كتَّاب الوحى لرسول الله صلى الله عليه وسلم ، وشهد العرضة الأخيرة للقرآن.

يحكى زيد بن ثابت ما حدث معه فيقول: " أرسل إلى أبو بكر مقتل أهل اليمامة (أى عقب استشهاد القراء السبعين فى واقعة اليمامة) فإذا عمر بن الخطاب عنده، قال أبو بكر - رضى الله عنه - : إن عمر أتانى فقال: إن القتل قد استحرَّ (أى اشتد) يوم اليمامة بقراء القرآن وإنى أخشى إن استحرَّ القتل بالقراء بالمواطن، فيذهب كثير من القرآن، وإنى أرى أن تأمر بجمع القرآن، قلت لعمر: كيف نفعل

---

(١) انظر : النشر فى القراءات العشر لابن الجزرى ١ / ٥١ .

شيئًا لم يفعله رسول الله صلى الله عليه وسلم ؟ قال عمر: هذا والله خير، فلم يزل عمر يراجعنى حتى شرح الله صدرى لذلك ورأيت فى ذلك الذى رأى عمر، قال زيد : قال أبو بكر: إنك رجل شاب عاقل لا نتهمك، وقد كنت تكتب الوحى لرسول الله صلى الله عليه وسلم ، فتتبع القرآن فاجمعه، فوالله لو كلفونى نقل جبل من الجبال، ما كان أثقل على مما أمرنى به من جمع القرآن ! قلت: كيف تفعلون شيئًا لم يفعله رسول الله صلى الله عليه وسلم ؟ قال: هو والله خير، فلم يزل أبو بكر يراجعنى حتى شرح الله صدرى للذى شرح له صدر أبى بكر وعمر - رضى الله عنهما - فتتبعت القرآن أجمعه من العُسُب واللِّخاف وصدور الرجال، حتى وجدت آخر سورة التوبة مع أبى خزيمة الأنصارى لم أجدها مع أحد غيره : ﴿لَقَدْ جَاءَكُمْ رَسُولٌ مِّنْ أَنفُسِكُمْ عَزِيزٌ عَلَيْهِ مَا عَنِتُّمْ﴾ حتى خاتمة براءة، فكانت الصحف عند أبى بكر حتى توفاه الله، ثم عند عمر حياته، ثم عند حفصة بنت عمر - رضى الله عنها - "[١] .

وفى عهد سيدنا عثمان بن عفان - رضى الله عنه - اتسعت الفتوح واستبحر العمران، وتفرق المسلمون فى الأمصار " وكان أهل كل إقليم من أقاليم الإسلام، يأخذون بقراءة من اشتهر بينهم من الصحابة؛ فأهل الشام يقرءون بقراءة أبى بن كعب، وأهل الكوفة يقرءون بقراءة عبد الله بن مسعود، وغيرهم يقرأ بقراءة أبى موسى الأشعرى، فكان بينهم اختلاف فى حروف الأداء ووجوه القراءة، بطريقة فتحت باب الشقاق والنـزاع فى قراءة القرآن ... واستفحل الداء حتى كفر بعضهم بعضًا، وكادت تكون فتنة فى الأرض وفساد كبير ولم يقف هذا الطغيان

---

(١) فتح البارى شرح صحيح البخارى ٩/ ١٢ ، ١٣ - كتاب فضائل القرآن - باب جمع القرآن - رقم (٤٩٨٦) .

عند حد، بل كاد يلفح بناره جميع البلاد الإسلامية حتى الحجاز والمدينة، وأصاب الصغار والكبار على سواء "[(١)].

لما رأى سيدنا عثمان هذا الأمر قد استفحل جمع أعلام الصحابة وذوى البصر منهم، واستشارهم فى هذا الأمر، فأجمعوا أمرهم على استنساخ مصاحف يرسل منها إلى الأمصار، وأن يحرق الناس كل ما عداها، وقد عهد عثمان بن عفان إلى أربعة من خيرة الصحابة، وثقات الحفاظ، وهم: زيد بن ثابت وعبد الله بن الزبير، وسعيد بن العاص، وعبد الرحمن بن الحارث بن هشام، فى نسخ لمصاحف.

روى البخارى بسنده أن أنس بن مالك حدثه " أن حذيفة بن اليمان قدم على عثمان، وكان يغازى أهل الشام فى فتح إرمينية وأذربيجان مع أهل العراق، فأفزع حذيفة اختلافهم فى القراءة، فقال حذيفة لعثمان: يا أمير المؤمنين، أدرك هذه الأمة قبل أن يختلفوا فى الكتاب اختلاف اليهود والنصارى، فأرسل عثمان إلى حفصة أن أرسلى إلينا بالصحف ننسخها فى المصاحف ثم نردها إليك فأرسلت بها حفصة إلى عثمان، فأمر زيد بن ثابت، وعبد الله بن الزبير، وسعيد بن العاص، وعبد الرحمن بن الحارث بن هشام، فنسخوها فى المصاحف، وقال عثمان للرهط القرشيين الثلاثة: إذا اختلفتم أنتم وزيد بن ثابت فى شىء من القرآن فاكتبوه بلسان قريش فإنما نزل بلسانهم، ففعلوا حتى إذا نسخوا الصحف فى المصاحف رد عثمان

---

(١) مناهل العرفان ١ / ٢٥٥ ، ٢٥٦ .

الصحف إلى حفصة، فأرسل إلى كل أفق بمصحف مما نسخوا، وأمر بما سواه من القرآن فى كل صحيفة أو مصحف أن يحرق "[١] .

وقد اختلف العلماء فى عدد المصاحف التى أرسل بها عثمان إلى الآفاق، فالمشهور أنها خمسة، قال ابن أبي داود: " سمعت أبا حاتم السجستانى يقول: كتبت سبعة مصاحف إلى مكة، وإلى الشام، وإلى اليمن، وإلى البحرين، وإلى البصرة، وإلى الكوفة، وحبس بالمدينة واحدًا[٢] .

والراجح أن عدد المصاحف خمسة لا سبعة؛ لأن سيدنا عثمان أرسل مع كل مصحف قارئًا، فأمر زيد بن ثابت أن يقرئ بالمدنى، وبعث عبد الله بن السائب مع المكى، والمغيرة بن شهاب مع الشامى، وأبا عبد الرحمن السلمى مع الكوفى، وعامر بن عبد القيس مع البصرى[٣] .

بهذا العمل الجليل والمهم فى تاريخ القرآن أخذ المصحف شكله الموحد فى الرسم والترتيب، وصار كل مصحف أرسله الخليفة من المدينة إمامًا يقتدى به أهل البلدة التى أرسل إليها ومن حولها، وصارت تلك المصاحف تعرف بالمصاحف العثمانية نسبة إلى سيدنا عثمان بن عفان - رضى الله عنه - وصار رسم الكلمات فيها يعرف بالرسم العثمانى، وهذه المصاحف هى أصل لكل المصاحف الموجودة اليوم. وقد حافظ المسلمون على رسم الكلمات فى المصحف كما هى فى المصاحف العثمانية الأولى، حتى لو كان فى بعضها مخالفة لما اصطلح عليه علماء العربية بعد

---

(١) فتح البارى ٩ / ١٣ - كتاب فضائل القرآن - باب جمع القرآن رقم (٤٩٨٧) .

(٢) فتح البارى ٩ / ٢٥ .

(٣) انظر : مع القرآن الكريم فى رسمه وضبطه وأحكام تلاوته - د / شعبان محمد إسماعيل ص ٢٢ .

ذلك من قواعد إملائية " قال أشهب: سئل مالك - رحمه الله - هل تكتب المصحف على ما أخذته الناس من الهجاء ؟ فقال: لا، إلا على الكتبة الأولى، رواه أبو عمرو الدانى فى المقنِع، ثم قال: ولا مخالف له من علماء الأمة.

وقال فى موضع آخر: سئل مالك عن الحروف فى القرآن مثل الواو والألف: أترى أن تغير من المصحف إذا وجدا فيه كذلك ؟ فقال: لا، قال أبو عمرو: يعنى الواو والألف المزيدتين فى الرسم لمعنى، المعدومتين فى اللفظ، نحو: الواو فى (أولوا الألباب)، و (أولات)، و (الربوا) ونحوه.

وقال الإمام أحمد - رحمه الله : تحرم مخالفة خط مصحف عثمان فى ياء أو واو أو ألف أو غير ذلك " [١]. وقال البيهقى فى شعب الإيمان : " من كتب مصحفًا فينبغى أن يحافظ على الهجاء التى كتبوا بها تلك المصاحف، ولا يخالفهم فيها، ولا يغير مما كتبوه شيئًا، فإنهم أكثر علمًا، وأصدق قلبًا ولسانًا، وأعظم أمانة منا، فلا ينبغى أن نظن بأنفسنا استدراكًا عليهم " [٢].

ورسم الكلمات فى المصاحف العثمانية يرجع فى الأصل إلى ما كان مرسومًا فى الصحف التى جمع فيها القرآن فى خلافة أبى بكر - رضى الله عنه - وهذه ترجع أيضًا إلى ما كتب فى الرقاع بين يدى النبى صلى الله عليه وسلم .

ورسم المصحف بذلك يمثل الكتابة العربية فى عصر ظهور الإسلام، وهو يحمل خصائص تلك الكتابة، من هذه الخصائص المشتركة بين رسم المصحف والنقوش العربية القديمة ما يأتى [٣] :

---

(١) البرهان فى علوم القرآن ١ / ٣٧٩ .

(٢) البرهان فى علوم القرآن ١ / ٣٧٩ .

(٣) انظر : موازنة بين رسم المصحف والنقوش العربية القديمة - د / غانم قدورى حمد ص ٣٩ - ٤٢ ، والخط والكتابة فى الحضارة العربية ص ٧٠ .

١ - خلو الكتابة من الشكل والنقط: فقد جاءت الكتابة غير مشكولة، ولا منقوطة.

٢ - حذف الألف في وسط الكلمة: من الظواهر الكتابية في رسم المصحف حذف الألف الواردة في وسط الكلمة في كثير من الأحيان، ففي سورة الفاتحة وحدها الكلمات الآتية: (الرحمن = الرحمان) و(العلمين = العالمين)، و(ملك = مالك)، و(الصرط = الصراط)، والأمثلة على نحو ذلك كثيرة.

وبالرجوع إلى النقوش العربية القديمة نجد أن هذه الظاهرة لم تكن خاصة برسم المصحف، وإنما كانت إحدى خصائص الكتابة العربية في ذلك الوقت؛ فمن الأمثلة على ذلك في النقوش العربية الجاهلية (التج= التاج)، و (نجرن = نجران) في نقش النمارة، و (إبرهيم = إبراهيم)، و (الحرث = الحارث)، و(سليمن = سليمان) في نقش جبل أسيس، و (شرحيل = شراحيل)، و(ظلمو = ظالم)، و (بعم = بعام) في نقش حران.

وقد استمرت هذه الظاهرة بعد رسم المصحف كما تدل على ذلك النقوش العربية الإسلامية، وذلك مثل: (هذا = هاذا)، و (الكتب = الكتاب)، و(جمدى = جمادى)، و (ثلثين = ثلاثين) في نقش القاهرة، و(معوية = معاوية)، و (ثمن = ثمان) في نقش الطائف، و (سبحن = سبحان)، و (الثبت = لثابت)، و (العلمين = العالمين) ، و (الكتب = الكتاب) في نقش حفنة الأبيض.

ويرجع أصل هذه الظاهرة إلى الكتابة النبطية التي انحدرت منها الكتابة العربية.

٣ - رسم تاء التأنيث :

من الظواهر الكتابية التى تميز بها رسم المصحف أن تاء التأنيث جاءت مرسومة تاء مبسوطة أحيانًا، وجاءت مرسومة غير مبسوطة (هاء) أحيانًا أخرى، مثل : (رحمت : رحمة)، و (نعمت : نعمة)، و(كلمت : كلمة).

وهذه الظاهرة كانت موجودة فى الكتابة العربية قبل رسم المصحف، كما تدل على ذلك النقوش العربية القديمة؛ ففى نقش النمارة: (مدينت = مدينة، سنت = سنة)، وفى نقش جبل أسيس: (سنت = سنة) وكذلك فى نقش حران.

" ويبدو أن التوجه إلى كتابة تاء التأنيث هاء كان قد بدأ قبل الإسلام بعشرات السنين، فنجد فى نقش جبل أسيس كلمة (مغيرة ، ومسلحة) مكتوبتين بالهاء، وكتبت كلمة (سنة) بالتاء فى النقش ذاته.

وهذا يفسر لنا طريقة رسم المصحف فى كتابة هذا النوع من الكلمات، بالتاء أحيانًا، وبالهاء أخرى، وبدأت ظاهرة كتابة تاء التأنيث بالتاء المبسوطة تختفى تدريجيًّا حتى زالت تمامًا من الكتابة العربية "[(١)].

٤ - تفريق حروف الكلمة الواحدة فى السطر والذى يليه: وقد وجد هذا فى رسم المصحف، وفى النقوش العربية الإسلامية، أما النقوش العربية قبل الإسلام، فلم يوجد فيها لقصرها، وقلة كلماتها.

٥ - رسم الهمزة : الغالب فى رسم المصحف هو رسم الهمزة على التسهيل.

وهنا يتبادر سؤال هل رسم المصحف توقيفى أو اصطلاحى ؟

---

(١) موازنة بين رسم المصحف والنقوش العربية القديمة ص ٤١ .

رأى جمهور العلماء على أن رسم المصحف توقيفى، لا يجوز تغييره، وتحرم مخالفته، شأنه فى ذلك شأن ترتيب سور القرآن وآياته، ولا يجوز لنا أن نقدم أو نؤخر منها شيئًا، ومن الأقوال التى تؤيد هذا الرأى إضافة إلى الأقوال التى ذكرتها قبل - ما نقله ابن المبارك عن شيخه عبد العزيز الدباغ أنه قال له: " ما للصحابة ولا لغيرهم فى رسم المصحف ولا شعرة واحدة، وإنما هو توقيف من النبى، وهو الذى أمرهم أن يكتبوه على الهيئة المعروفة بزيادة الألف ونقصانها، لأسرار لا تهتدى إليها العقول، وهو سر من الأسرار خص الله به كتابه العزيز دون سائر الكتب السماوية، وكما أن نظم القرآن معظَّم، فرسمه أيضًا معجز ! وكيف تهتدى العقول إلى سر زيادة الألف فى (مائة) دون (فئة) وإلى سر زيادة الياء فى (بأييد، وبأيِّكم)؟ أم كيف تتوصل إلى سر زيادة الألف فى (سعوا) بالحج، ونقصانها من (سعو) بسبأ، وإلى سر زيادتها فى (عتوا) حيث كان، ونقصانها من (عتو) فى الفرقان ؟ وإلى سر زيادتها فى (آمنوا) وإسقاطها من (باءو، جاءو، فاءو) بالبقرة ؟ وإلى سر زيادتها فى (يعفوا الذى) ونقصانها من (يعفو عنهم) فى النساء ؟ أم كيف تبلغ العقول إلى وجه حذف بعض أحرف من كلمات متشابهة دون بعض، كحذف الألف من (قرآنًا) بيوسف والزخرف، وإثباتها فى سائر المواضع، وإثبات الألف بعد واو (سموات) فى فصلت، وحذفها من غيرها، وإثبات الألف فى (الميعاد) مطلقًا، وحذفها من الموضع الذى فى الأنفال، وإثبات الألف فى (سراجًا) حيثما وقع، وحذفه من موضع الفرقان ؟ وكيف تتوصل إلى فتح بعض التاءات وربطها فى البعض.

فكل ذلك لأسرار إلهية، وأغراض نبوية، وإنما خفيت على الناس؛ لأنها أسرار باطنة لا تدرك إلا بالفتح الربانى بمنـزلة الألفاظ والحروف المتقطعة التى فى أوائل السور، فإن لها أسرارًا عظيمة، ومعانى كثيرة، وأكثر الناس لا يهتدون إلى أسرارها، ولا يدركون شيئًا من المعانى الإلهية التى أشير إليها! فكذلك أمر الرسم الذى فى القرآن حرفًا بحرف .... "[(١)].

ومن العلماء الذين ذكروا الحكم والأسرار للزائد فى الرسم القرآنى والمحذوف وما كتب على لفظه أبو العباس أحمد بن محمد بن عثمان الأزدى المراكشى المعروف بابن البناء (المتوفى ٧٢١ هـ) فى كتابه (عنوان الدليل فى مرسوم خط التنـزيل) حيث بين أن هذه الأحرف إنما اختلف حالها فى الخط بحسب اختلاف أحوال معانى كلماتها.

وقد نقل هذه المعانى الزركشى فى كتابه (البرهان فى علوم القرآن)[(٢)] أنقل جزءًا منها :

أولاً : الزيادة :

أ - زيادة الألف : وهى إما أن تزاد فى أول الكلمة أو فى آخرها، أو فى وسطها، فالأولى تكون بمعنى زائد بالنسبة إلى ما قبله فى الوجود، مثل: (لَاَ أَذْبَحَنَّهُ)[النمل: ٢١]، زيدت الألف تنبيهًا على أن المؤخر أشد فى الوجود من

---

(١) مناهل العرفان ١ / ٣٨٢ ، ٣٨٣ .

(٢) انظر : البرهان فى علوم القرآن ١ / ٣٨١ - ٤٣١ .

المقدم عليه لفظًا؛ فالذبح أشد من العذاب[1] . وكذلك قوله تعالى: (وَلاَ تَايْئسُواْ مِن رَّوْحِ اللّهِ إِنَّهُ لاَ يَايْئسُ)[يوسف : ٨٧]، وقوله: (أَفَلَمْ يَا يئسِ)[الرعد: ٣١]، السبب فى الزيادة لأن الصبر وانتظار الفرج أخف من الإياس، والإياس لا يكون فى الوجود إلا بعد الصبر والانتظار.

والثانى زيادة الألف فى آخر الكلمة: ويكون باعتبار معنى خارج عن الكلمة يحصل فى الوجود، لزيادتها بعد الواو فى الأفعال، نحو (يرجوا، ويدعوا) وذلك لأن الفعل أثقل من الاسم؛ لأنه يستلزم فاعلاً، فهو جملة، والاسم مفرد لا يستلزم غيره، فالفعل أزيد من الاسم فى الوجود، والواو أثقل حروف المد واللين، والضمة أثقل الحركات، والمتحرك أثقل من الساكن، فزيدت الألف تنبيهًا على ثقل الجملة، وإذا زيدت مع الواو التى هى لام الفعل، فمع الواو التى هى ضمير الفاعلين أوْلى؛ لأن الكلمة جملة، مثل: (قالوا، وعصوا) إلا أن يكون الفعل مضارعًا وفيه النون علامة الرفع، فتختص الواو بالنون التى هى من جهة تمام الفعل؛ إذ هى إعرابه فيصير ككلمة واحدة وسطها واو؛ كالعيون، والسكون، فإن دخل ناصب أو جازم مثل: (فَإِن لَّمْ تَفْعَلُواْ وَلَن تَفْعَلُواْ)[البقرة : ٢٤] تثبت الألف.

وقد تسقط فى مواضع للتنبيه على اضمحلال الفعل، نحو: (سَعَوْ فِي آيَاتِنَا مُعَاجِزِينَ)[سبأ : ٥] فإنه سعى فى الباطل لا يصح له ثبوت فى الوجود.

---

(١) إشارة إلى أول آية النمل : (لَأُعَذِّبَنَّهُ عَذَابًا شَدِيدًا أَوْ لَأَذْبَحَنَّهُ) .

وكذلك: (وَجَاءو بِسِحْرٍ عَظِيمٍ)[الأعراف : ١١٦]، و (جَاءو ظُلْمًا وَزُورًا)[الفرقان : ٤]، و (وَجَاءو أَبَاهُمْ)[يوسف : ١٦]، و (وَجَآءو عَلَى قَمِيصِهِ)[يوسف : ١٨] فإن هذا المجىء ليس على وجهه الصحيح.

وكذلك: (فَإِن فاءو)[البقرة : ٢٢٦]، وهو فئ بالقلب والاعتقاد، وكذلك (وَالَّذِينَ تَبَوَّءو الدَّارَ وَالْإِيمَانَ)[الحشر : ٩] اختاروها سكنًا لكن على الجهة المحسوبة؛ لأنه سوَّى بينهما، وإنما اختاروها سكنًا لمرضاة الله، بدليل وصفهم بالإيثار مع الخصاصة؛ فهذا دليل زهدهم فى محسوسات الدنيا، وكذلك (فاءو) لأنه رجوع معنوى.

وكذلك (عَسَى اللَّهُ أَن يَعْفُوَ عَنْهُمْ)[النساء : ٩٩] حذفت ألفه لأن كيفية هذا الفعل لا تدرك؛ إذ هو ترك المؤاخذة، إنما هو أمر عقلى.

الثالث: زيادة الألف فى وسط الكلمة: وتكون لمعنى فى نفس الكلمة ظاهر مثل: (وَجاىٓءَ يَوْمَئِذٍ بِجَهَنَّمَ)[الفجر : ٢٣] زيدت الألف دليلاً على أن هذا المجىء هو بصفة من الظهور ينفصل بها عن معهود المجىء، وقد عبر عنه بالماضى، ولا يتصور إلا بعلامة من غيره ليس مثله، فيستوى فى علمنا ملكها وملكوتها فى ذلك المجىء، ويدل عليه قوله تعالى فى موضع آخر: (وَبُرِّزَتِ الْجَحِيمُ) [الشعراء : ٩١] وقوله: (إِذَا رَأَتْهُم مِّن مَّكَانٍ بَعِيدٍ سَمِعُوا لَهَا تَغَيُّظًا وَزَفِيرًا)[الفرقان : ١٢]، هذا بخلاف حال: (وَجِيءَ بِالنَّبِيِّينَ وَالشُّهَدَاء)

[الزمر : ٦٩] حيث لم تكتب الألف؛ لأنه على المعروف فى الدنيا، وفى تأوله بمعنى البروز فى المحشر لتعظيم جناب الحق أثبتت الألف فيه أيضًا.

وكذلك: (وَلَا تَقُولَنَّ لِشَايْءٍ إِنِّي فَاعِلٌ ذَٰلِكَ غَدًا)[الكهف: ٢٣]، الشىء هنا معدوم، وإنما علمناه من تصور مثله الذى وقع فى الوجود فنقل له الاسم فيه، من حيث إنه يقدر أنه يكون مثله فى الوجود، فزيدت الألف تنبيهًا على اعتبار المعدوم من جهة تقدير الوجود، إذ هو موجود فى الأذهان، معدوم فى الأعيان. وهذا بخلاف قوله فى النحل: (إِنَّمَا قَوْلُنَا لِشَيْءٍ إِذَا أَرَدْنَاهُ) [النحل:٤٠] فإن الشىء هنا من جهة قول الله، لا يعلم كيف ذلك، بل نؤمن به تسليمًا لله سبحانه فيه، فإنه سبحانه يعلم الأشياء بعلمه لا بها، ونحن نعلمها بوجودها لا بعلمنا، فلا تشبيه ولا تعطيل.

ب - زيادة الواو : زيدت للدلالة على ظهور معنى الكلمة فى الوجود فى أعظم رتبة فى البيان، مثل: (سَأُورِيكُمْ دَارَ الْفَاسِقِينَ)[الأعراف: ١٤٥]، و(سَأُورِيكُمْ آيَاتِي)[الأنبياء : ٣٧]، ويدل على ذلك أن الآيتين جاءتا للتهديد والوعيد. وكذلك (أولى، وأولوا، وأولات) زيدت الواو بعد الهمزة حيث وقعت لقوة المعنى على (أصحاب) فإن فى (أولى) معنى الصحبة وزيادة التمليك والولاية عليه، وكذلك زيدت فى (أولئك، وأولئكم) حيث وقعا بالواو؛ لأنه جمع مبهم يظهر فيه معنى الكثرة الحاضرة فى الوجود، وليس للفرق بينه وبين (أولئك) كما قاله قوم؛ لانتقاضه بأَوَّلاً.

جـ - زيادة الياء : زيدت لاختصاص ملكوتى باطن، وذلك فى تسعة مواضع[(١)] ، قال أبو العباس المراكشى: إنما كتبت (بأييد) بياءين فرقا بين (الأيد) الذى هو القوة، وبين (الأيدى) جمع (يد)، ولاشك أن القوة التى بنى الله بها السماء هى أحق بالثبوت فى الوجود من الأيدى، فزيدت الياء لاختصاص اللفظة بمعنى أظهر فى إدراك الملكوتى فى الوجود.

وكذلك زيدت بعد الهمزة فى حرفين: (أَفَإِين مَّاتَ)[آل عمران : ١٤٤]، و (أَفَإِين مِّتَّ)[الأنبياء : ٣٤]، وذلك لأن موته مقطوع به، والشرط لا يكون مقطوعًا به، ولا ما رتب على الشرط هو جواب له، لأن موته لا يلزم منه خلود غيره، ولا رجوعه عن الحق، فتقديره: أهم الخالدون إن مت؟ فاللفظ للاستفهام والربط والمعنى للإنكار والنفى، فزيدت الياء لخصوص هذا المعنى الظاهر للفهم، الباطن فى اللفظ.

ثانيًا : الحذف :

أ - حذف الألف :

كل ألف تكون فى كلمة لمعنى له تفصيل فى الوجود، له اعتباران: اعتبار من جهة ملكوتية، أو صفات حالية، أو أمور علوية مما لا يدركه الحس، فإن

---

(١) آل عمران ١٤٤ ، والأنعام ٣٤ ، ويونس ١٥ ، والنحل ٩٠ ، وطه ١٣٠ ، والأنبياء ٣٤ ، والشورى ٥١ ، والذاريات ٤٧ ، و ن ٦ .

الألف تحذف فى الخط علامة لذلك، واعتبار من جهة ملكية حقيقية فى العلم، أو أمور سفلية، فإن الألف تثبت.

واعتبر ذلك فى لفظتى القرآن والكتاب؛ فإن القرآن هو تفصيل الآيات التى أحكمت فى الكتاب، فالقرآن أدنى إلينا فى الفهم من الكتاب وأظهر فى التنـزيل، قال الله تعالى: (الر كِتَابٌ أُحْكِمَتْ آيَاتُهُ ثُمَّ فُصِّلَتْ مِنْ لَدُنْ حَكِيمٍ خَبِيرٍ) **[هود : ١] وقال تعالى:** (كِتَابٌ فُصِّلَتْ آيَاتُهُ قُرْآناً عَرَبِيّاً لِقَوْمٍ يَعْلَمُونَ) **[فصلت : ٣]، وقال سبحانه:** (إِنَّ عَلَيْنَا جَمْعَهُ وَقُرْآنَهُ)**[القيامة: ١٧]، ولذلك ثبت فى الخط ألف القرآن، وحذفت ألف الكتاب.**

وقد حذفت ألف القرآن فى حرفين، هو فيهما مرادف للكتاب فى الاعتبار، قال تعالى: (إِنَّا أَنْزَلْنَاهُ قُرْءاناً عَرَبِيّاً)**[يوسف : ٢]، وقال سبحانه:** (إِنَّا جَعَلْنَاهُ قُرْءاناً عَرَبِيّاً)**[الزخرف : ٣] والضمير فى الموضعين ضمير الكتاب المذكور قبله، وقال بعد ذلك فى كل واحدة منهما: (لعلكم تعقلون) فقرينته هى من جهة المعقولية، وقال فى الزخرف:** (وَإِنَّهُ فِي أُمِّ الْكِتَابِ لَدَيْنَا لَعَلِيٌّ حَكِيمٌ)**[الزخرف : ٤]. وكذلك كل ما فى القرآن من الكتاب وكتاب فبغير ألف، إلا فى أربعة مواضع هى مقيدة بأوصاف خصصته من الكتاب الكلى:**

الموضع الأول : قوله تعالى: (لِكُلِّ أَجَلٍ كِتَابٌ)**[الرعد: ٣٨] فإن هذا (كتاب) الآجال فهو أخص من الكتاب المطلق، أو المضاف إلى الله.**

والموضع الثانى : قوله تعالى: (وَمَا أَهْلَكْنَا مِنْ قَرْيَةٍ إِلاَّ وَلَهَا كِتَابٌ مَعْلُومٌ)[الحجر : ٤] فإن هذا (كتاب) إهلاك القرى، وهو أخص من كتاب الآجال.

والموضع الثالث : قوله تعالى: (وَاتْلُ مَا أُوحِيَ إِلَيْكَ مِنْ كِتَابِ) [الكهف : ٢٧] فإن هذا أخص من (الكتاب) الذى فى قوله: (اتْلُ مَا أُوحِيَ إِلَيْكَ مِنَ الْكِتَابِ)[العنكبوت : ٤٥] لأنه أطلق هذا، وقيد ذلك بالإضافة إلى الاسم المضاف إلى معنى فى الوجود، والأخص أظهر تنـزيلاً .

والموضع الرابع : قوله تعالى: (تِلْكَ آيَاتُ الْقُرْآنِ وَكِتَابٍ مُبِينٍ) [النمل : ١] هذا الكتاب جاء تابعًا للقرآن، والقرآن جاء تابعًا للكتاب كما جاء فى قوله تعالى: (تِلْكَ آيَاتُ الْكِتَابِ وَقُرْآنٍ مُبِينٍ)[الحجر : ١]، فما فى النمل له خصوص تنـزيل مع الكتاب الكلى فهو تفصيل للكتاب الكلى، بجوامع كليته.

ب - حذف الواو :

تحذف الواو اكتفاء بالضمة قصدًا للتخفيف، فإذا اجتمع واوان والضم، فتحذف الواو التى ليست عمدة، وتبقى العمدة، سواء كانت الكلمة فعلاً، مثل: (لِيَسُوءُوا وُجُوهَكُمْ)[الإسراء : ٥] أو صفة مثل: (الموءوودة، ليئوس، والغاون)، أو اسمًا مثل: (داود) إلا أن ينوى كل واحد منهما فتثبتان جميعًا، مثل: (تبوءوا) فإن الواو الأولى تنوب عن حرفين لأجل الإدغام، فنويت فى الكلمة،

والواو الثانية ضمير الفاعل، فثبتا جميعًا. وقد سقطت من أربعة أفعال تنبيهًا على سرعة وقوع الفعل وسهولته على الفاعل، وشدة قبول المنفعل المتأثر به فى الوجود:

الأول: قوله تعالى: (سَنَدْعُ الزَّبَانِيَةَ)[العلق : ٨] فيه سرعة الفعل وإجابة الزبانية وقوة البطش، وهو وعيد عظيم ذكر مبدؤه، وحذف آخره، ويدل عليه قوله تعالى: (وَمَا أَمْرُنَا إِلاَّ وَاحِدَةٌ كَلَمْحٍ بِالْبَصَرِ)[القمر:٥٠].

والثانى: قوله تعالى: (وَيَمْحُ اللّهُ الْبَاطِلَ)[الشورى : ٢٤] حذفت منه الواو علامة على سرعة الحق، وقبول الباطل له بسرعة بدليل قوله: (إِنَّ الْبَاطِلَ كَانَ زَهُوقاً)[الإسراء : ٨١]، وليس (يمح) معطوفًا على (يختم) الذى قبله؛ لأنه ظهر مع (يمح) الفاعل، وعطف على الفعل ما بعده ، وهو (ويحق الحق).

أما رسم الواو فى قوله تعالى: (يَمْحُوا اللّهُ مَا يَشَاءُ وَيُثْبِتُ)[الرعد: ٣٩] وحذفها فى: (وَيَمْحُ اللّهُ الْبَاطِلَ)[الشورى: ٢٤] فلأن الإثبات الأصل وإنما حذفت فى الثانية لأن الذى قبله مجزوم، وإن لم يكن معطوفًا عليه، لأنه قد عطف عليه (ويحق) وليس مقيدًا بشرط، ولكن قد يجىء بصورة العطف على المجزوم، وهذا أقرب من عطف الجوار فى النحو، والله أعلم .

والثالث: قوله تعالى: (وَيَدْعُ الإِنسَانُ بِالشَّرِّ)[الإسراء : ١١] حذف الواو يدل على أنه سهل عليه، ويسارع فيه، كما يعمل فى الخير، وإتيان الشر إليه من جهة ذاته أقرب إليه من الخير.

والرابع: قوله تعالى: (يَوْمَ يَدْعُ الدَّاعِ)[القمر : ٦] حذف الواو لسرعة الدعاء، وسرعة الإجابة.

جـ - حذف الياء :

تحذف الياء اكتفاء بالكسرة نحو (فارهبون، فاعبدون) قال أبو العباس المراكشى: الياء الناقصة فى الخط ضربان: ضرب محذوف فى الخط ثابت فى التلاوة، وضرب محذوف فيهما، فالأول هو باعتبار ملكوتى باطن، وينقسم قسمين: ما هو ضمير المتكلم، وما هو لام الكلمة.

فالأول إذا كانت الياء ضمير المتكلم، مثل قوله تعالى: (فَكَيْفَ كَانَ عَذَابِي وَنُذُرِ)[القمر : ١٦] ثبتت الياء الأولى؛ لأنه فعل ملكوتى، وكذلك قوله تعالى: (فَمَا آتَانِ اللَّهُ خَيْرٌ مِمَّا آتَاكُمْ)[النمل : ٣٦] حذفت الياء لاعتبار ما آتاه الله من العلم والنبوة، فهو المؤتَى الملكوتى من قِبَل الآخرة، وفى ضمنه الجسمانى للدنيا ؛ لأنه فانٍ، والأول ثابت.

وكذلك قوله: (فَلَا تَسْأَلْنِ مَا لَيْسَ لَكَ بِهِ عِلْمٌ)[هود : ٤٦]، وعلم هذا المسئول غيب ملكوتى، بدليل قوله (ما ليس لك به علم) فهو بخلاف قوله: (فَلَا تَسْأَلْنِي عَنْ شَيْءٍ حَتَّى أُحْدِثَ لَكَ مِنْهُ ذِكْراً)[الكهف:٧٠]؛ لأن هذا سؤال عن حوادث المَلِك فى مقام الشاهد، كخرق السفينة: (قَالَ أَخَرَقْتَهَا لِتُغْرِقَ أَهْلَهَا)[الكهف : ٧٢]، وقتل الغلام: (أَقَتَلْتَ نَفْساً زَكِيَّةً بِغَيْرِ نَفْسٍ)[الكهف : ٧٤]، وإقامة الجدار: (فَوَجَدَا

فِيهَا جِدَاراً يُرِيدُ أَنْ يَنقَضَّ فَأَقَامَهُ قَالَ لَوْ شِئْتَ لاتَّخَذْتَ عَلَيْهِ أَجْراً) [الكهف : ٧٧].

وكذلك قوله تعالى: (أُجِيبُ دَعْوَةَ الدَّاعِ إِذَا دَعَانِ)[البقرة : ١٨٦] حذف الضمير فى الخط دلالة على الدعاء الذى من جهة الملكوت بإخلاص الباطن.

والقسم الثانى من الضرب الأول: إذا كانت الياء لام الكلمة سواء كانت فى الاسم أو الفعل، نحو (أُجِيبُ دَعْوَةَ الدَّاعِ)[البقرة : ١٨٦] حذفت تنبيهًا على المخلص لله الذى قلبه ونهايته فى دعائه فى الملكوت والآخرة لا فى الدنيا.

وكذلك: (الدَّاعِ إِلَى شَيْءٍ نُكُرٍ)[القمر : ٦] هو داع ملكوتى من عالم الآخرة.

وكذلك: (يَوْمَ يَأْتِ)[هود : ١٠٥] هو إتيان ملكوتى أخروى آخره متصل بما وراءه من الغيب.

الضرب الثانى: الذى تسقط فيه الياء فى الخط والتلاوة، فهو اعتبار غيبة عن باب الإدراك جملة، واتصاله بالإسلام لله فى مقام الإحسان، وهو قسمان: منه ضمير المتكلم، ومنه لام الفعل.

فالأول إذا كانت الياء ضمير المتكلم فإنها إن كانت للعبد فهو الغائب، وإن كانت للرب فالغيبة للمذكور معها، فإن العبد هو الغائب عن الإدراك فى ذلك كله، فهو فى هذا المقام مسلم مؤمن بالغيب مكتف بالأدلة، فيقتصر فى الخط لذلك على نون الوقاية والكسرة، ومنه من جهة الخطاب به الحوالة على الاستدلال

بالآيات دون التعرض لصفة الذات، ولما كان الغرض من القرآن جهة الاستدلال، واعتبار الآيات، وضرب المثال دون التعرض لصفة الذات كما قال تعالى: (وَيُحَذِّرُكُمُ اللَّهُ نَفْسَهُ)[آل عمران : ٢٨]، وقال: (فَلا تَضْرِبُوا لِلَّهِ الأَمْثَالَ)[النحل: ٧٤] كان الحذف فى خواتم الآى كثيراً، مثل: (فاتقون) [البقرة : ٤١]، (فارهبون)[البقرة : ٤٠]، و(وَمَا خَلَقْتُ الْجِنَّ وَالإِنسَ إِلاَّ لِيَعْبُدُونِ)[الذاريات : ٥٦]، (وَمَا أُرِيدُ أَنْ يُطْعِمُونِ)[الذاريات : ٥٧] وهو كثير جدًّا.

والقسم الثانى: إذا كانت الياء لام الكلمة فى الفعل أو الاسم، فإنها تسقط من حيث يكون معنى الكلمة يعتبر من مبدئه الظاهر شيئًا بعد شىء إلى ملكوتية الباطن، إلى ما لا يدرك منه إلا إيمانًا وتسليمًا، فيكون حذف الياء منبهًا على ذلك، وإن لم يكن اعتباره فى الظاهر من ذلك الخطاب بحسب عرض الخطاب، مثل: (وَسَوْفَ يُؤْتِ اللَّهُ الْمُؤْمِنِينَ أَجْراً عَظِيماً)[النساء : ١٤٦] هو: (مَا تَشْتَهِيهِ الأَنفُسُ وَتَلَذُّ الأَعْيُنُ)[الزخرف : ٧١]، وقد ابتدأ ذلك لهم فى الدنيا متصلاً بالآخرة.

ويلحق بهذا القسم حذف النون الذى هو لام فعل، فيحذف تنبيهًا على صغر مبدأ الشىء وحقارته، وأن منه ينشأ ويزيد إلى ما لا يحيط بعلمه غير الله، مثل: (أَلَمْ يَكُ نُطْفَةً)[القيامة : ٣٧] حذفت النون تنبيهًا على مهانة مبتدأ الإنسان وصغر قدره بحسب ما يدرك هو من نفسه، ثم يترقى فى أطوار التكوين (فَإِذَا هُوَ

خَصِيمٌ مُبِينٌ)[يس : ٧٧] فهو حين كان نطفة كان ناقص الكون، كل مرتبة ينتهى إليها كونه هى ناقصة الكون بالنسبة لما بعدها؛ فالوجود الدنيوى كله ناقص الكون عن كون الآخرة، كما قال الله تعالى: (وَإِنَّ الدَّارَ الْآخِرَةَ لَهِيَ الْحَيَوَانُ)[العنكبوت : ٦٤].

هذا، وقد استقصى المراكشى المواضع التى فيها حذف، وذكر دلالتها، والمواضع التى فيها زيادة وذكر دلالتها، والمواضع التى فيها إبدال وذكر دلالتها، والمواضع التى فيها وصل، والمواضع التى فيها فصل وذكر دلالة كلٍّ مما يدل على أن الرسم القرآنى توقيفى له دلالته ، وليس اصطلاحيًا كما ذكر بعض العلماء. والله تعالى أعلى وأعلم .

الشكل والإعجام :

لم تكن الكتابة العربية فى الجاهلية منقوطة ولا مشكولة؛ لعدم حاجة العرب فى الجاهلية، وفى الصدر الأول من الإسلام إلى هذه الضوابط لمكانهم من العربية؛ فكانوا يقرءون الكتابة قراءة صحيحة معتمدين على سياق الكلام، وما يقتضيه المقام ودلالة السوابق واللواحق. ولما انتشر الإسلام واختلط العرب بالأعاجم، وتناسلوا معهم ظهر جيل جديد فشا اللحن فى كلامه، وخيف على القرآن الكريم أن يتطرق إليه اللحن، فعملوا على صيانة القرآن الكريم ولغته.

وقد روى فى ذلك عدة روايات، منها ما رواه أبو عمرو الدانى عن أبى بكر الأنبارى قال: " حدثنا أبو عكرمة قال: قال العتبى: كتب معاوية إلى زياد بن أبيه والى البصرة، أن يرسل إليه ولده عبيد الله بن زياد ، فلما قدم عليه، وكلمه معاوية وجده يلحن، فرده إلى أبيه، وكتب إليه كتابًا يلومه فيه على وقوع ابنه فى اللحن

والخطأ. فبعث زياد إلى أبي الأسود الدؤلى (المتوفى ٦٩ هـ) فقال له: يا أبا الأسود، إن هذه الحمراء (أى الأعاجم) قد كثرت وأفسدت من ألسن العرب، فلو وضعت شيئًا يصلح به الناس كلامهم، ويعربون به كتاب الله تعالى، فأبى ذلك أبو الأسود، وكره إجابة زياد إلى ما سأل، فوجه زياد رجلاً فقال له: اقعد فى طريق أبي الأسود، فإذا مر بك فاقرأ شيئًا من القرآن، وتعمد اللحن فيه، ففعل ذلك، فلما مر به أبو الأسود رفع الرجل صوته يقرأ: (أن الله برئ من المشركين ورسولِه)[1] ، [قرأها بجر (ورسوله) مع أنها مرفوعة]، فاستعظم ذلك أبو الأسود، وقال: عز وجه الله أن يبرأ من رسوله ثم رجع من فوره إلى زياد فقال: يا هذا، قد أجبتك إلى ما سألت ورأيت أن أبدأ بإعراب القرآن فابعث إليّ ثلاثين رجلاً، فأحضرهم زياد، فاختار منهم أبو الأسود عشرة، ثم لم يزل يختار منهم حتى اختار رجلاً من عبد القيس، فقال: خذ المصحف وصبغًا يخالف لون المداد، فإذا فتحت شفتى فانقط واحدة فوق الحرف، وإذا ضممتها فاجعل النقطة إلى جانب الحرف، وإذا كسرتها فاجعل النقطة فى أسفله، فإذا أتبعت شيئًا من هذه الحركات غنة فانقط نقطتين، فابتدأ المصحف حتى أتى على آخره "[2] . وقد أخذ الناس طريقة أبي الأسود، وشكلوا بها الحروف، فكانوا يضعون نقطة فوق الحرف للدلالة على فتحته، ونقطة تحت الحرف للدلالة على كسرته، ونقطة عن شماله للدلالة على ضمته، ولا يضعون شيئًا على الحرف الساكن، وإذا كان الحرف منونًا يضعون

---

(١) التوبة : ٣ .

(٢) المحكم فى نقط المصاحف لأبي عمرو الدانى ص ٣ ، ٤ ، وانظر : الفهرست ص ٦٣ ، ٦٤ ، وقصة الكتابة العربية ص ٥١ ، ٥٢ ، ومع القرآن الكريم ص ٣٢ ، ٣٣ ، والمخطوط العربي ص ٧٨ ، ٧٩ .

نقطتين فوقه أو تحته أو عن شماله. " وكانوا يسمون هذه النقط شكلاً؛ لأنها تدل على شكل الحرف وصورته، ولم تشتهر طريقة أبي الأسود إلا في المصاحف حرصًا على إعراب القرآن الكريم، أما الكتب العادية فكان شكلها نادرًا؛ لأن المكتوب إليهم كانوا يعدون ذلك تجهيلاً لهم، قال بعضهم: شكل الكتاب سوء ظن بالمكتوب إليه، ومن الناس من كان ينفر من الشكل بهذه الطريقة لقبح منظره، وقد عرض مرة على عبد الله بن طاهر كتاب مشكول، وكان خطه جميلاً فقال: ما أحسن هذا الخط لولا كثرة شونيزه، والشونيزة الحبة السوداء " [1] .

كان هذا النقط الذى وضعه أبو الأسود الدؤلى هو الإصلاح الأول للكتابة العربية بقصد ضبطها، وحفظ كتاب الله عز وجل من أن يتسرب إليه اللحن.

والإصلاح الثانى للكتابة العربية تم فى خلافة عبد الملك بن مروان؛ فقد ظل المسلمون يقرءون فى مصحف عثمان نيفًا وأربعين سنة، ثم كثر اللحن، وانتشر على كثير من الألسن والأفواه، ووقع الناس فى التصحيف [2] ، فأمر عبد الملك بن مروان الحجاج بن يوسف الثقفى واليه على العراق أن يعمل جاهدًا على إبعاد أسباب اللحن والتحريف عن القرآن الكريم.

والسبب فى اختيار الحجاج لهذه المهمة أنه كان والى العراق، والعراق فى ذاك الوقت كانت موطن العلم والعلماء، فانتدب الحجاج لهذه المهمة عالمين جليلين هما: يحيى بن يعمر العدوانى، ونصر بن عاصم الليثى تلميذى أبي الأسود الدؤلى؛ لما لهما

---

(١) الخطاطة ص ٥٦ .

(٢) التصحيف : هو تغيير نقط الحروف المتماثلة فى الشكل ، كالباء والتاء والثاء والنون والياء ، والجيم والحاء والخاء ، والدال والذال ، والراء والزاى ، والسين والشين ، والصاد والضاد ، والعين والغين ، والفاء والقاف . انظر : مناهج تحقيق التراث - د / رمضان عبد التواب ص ١٢٤ .

من يد طولى فى فهم أسرار العربية، وإتقان فنون القراءات فقاما بنقط الحروف المتشابهة فى الرسم للتمييز بينها، وكتبت هذه النقط بنفس المداد الذى كتب به المصحف؛ حتى يكون مخالفًا لنقط أبى الأسود الدؤلى(١).

والفرق بين نقط أبى الأسود، ونقط يحيى بن يعمر ونصر بن عاصم أن نقط أبى الأسود نقط إعراب، ونقط يحيى ونصر نقط إعجام.

وبذلك وجد للمصحف نقطان، وهما متعبان للكاتب والقارئ على السواء، وفى الوقت نفسه مدعاة لاختلاط الكتابة على القراء، ومن أجل هذا كان لابد من عملية تيسير للكتابة العربية، فكانت المرحلة الأخيرة من مراحل تطورها، وهى التى تمت على يد الخليل بن أحمد الفراهيدى (المتوفى ١٧٥ هـ) فى العصر العباسى الأول، الذى اضطلع بمهمة تغيير نقط أبى الأسود الدؤلى بأن جعله حركات يقول المبرد: " الشكل الذى فى الكتب من عمل الخليل، وهو مأخوذ من صور الحروف، فالضمة واو صغيرة الصورة فى أعلى الحرف، لئلا تلتبس بالواو المكتوبة، والكسرة ياء تحت الحرف، والفتحة ألف مبطوحة فوق الحرف "(٢).

ولم يكتف الخليل بن أحمد بوضع هذه الرموز للحركات القصيرة فحسب، بل إن كثيراً من الرموز الأخرى، التى نستخدمها فى الكتابة إلى يومنا هذا من صنعه كذلك، مثل: رمز السكون (ۡ) وهو عبارة عن رأس خاء صغيرة اختصارًا من كلمة (خفيف)، بمعنى غير محرك، وكذلك رمز الشدة ( )، وهو مختصر من كلمة (شديد)، ورمز الهمزة (ء) وهو مقتطع من رأس العين؛ ولذلك يسمى فى بعض

---

(١) انظر : المحكم فى نقط المصاحف ص ٨٧ ، ومع القرآن الكريم ص ٣٣ ، ٣٤ .

(٢) المحكم فى نقط المصاحف للدانى ص ٧ ، وانظر : فصول فى فقه العربية ص ٤٠٠ ، ٤٠١ .

الأحيان (القطعة)، ولعله اقتطعه من العين لقرب الهمزة من العين فى المخرج، ولألف الوصل صاد (صـ)، وللمد الواجب ميم صغيرة مع جزء من الدال، وهكذا وضع الخليل ثمانى علامات: الفتحة والكسرة والضمة والسكون والشدة والمدة وعلامة الصلة والهمزة .وصار الكاتب يجمع بين شكل الكتاب ونقطة بلون واحد دون لبس بينهما [(١)] .

ومع التطور الكتابى الذى وضعه الخليل وجد من الكتاب من يلتزم الطريقة القديمة فى كتابة المصحف، ويتحرج من إدخال أى تعديل على صورة الكتابة القديمة، وفى هذا يقول أبو عمرو الدانى: " وترك استعمال شكل الشعر - وهو الشكل الذى فى الكتب، والذى اخترعه الخليل - فى المصاحف الجامعة من الأمهات وغيرها أولى وأحق، اقتداء بمن ابتدأ النقط من التابعين، واتباعًا للأئمة السالفين " [(٢)] .

وقال سعيد بن حميد الكاتب: " لأن يُشكل الحرف على القارئ أحب إلىّ من أن يعاب الكاتب بالشكل " [(٣)] .

ومن الكتاب من رغب فى الشكل، وحث عليه؛ لما فيه من البيان والضبط والتقييد، " قال هشام ابن عبد الملك: اشكلوا قرائن الآداب؛ لئلا تند عن الصواب.

---

(١) انظر : المحكم فى نقط المصاحف ص ٤٩ ، ٥٢ ، ١٤٩ ، وفصول فى فقه العربية ص ٤٠٢ ، وقصة الكتابة العربية ص ٥٣ ، ٥٤ .

(٢) المحكم فى نقط المصاحف ص ٢٧ ، وانظر : المخطوط العربى ص ٨٨ .

(٣) صبح الأعشى ٣ / ١٦١ .

وقال على بن منصور: حلُّوا غرائب الكلم بالتقييد، وحصنوها عن شُبَه التصحيف والتحريف(١) .

ويقال: إعجام الكتب يمنع من استعجامها، وشكلها يصونها عن إشكالها "(٢) .

وقد رخص جماعة فى نقط المصاحف بالإعراب، " منهم: ربيعة بن عبد الرحمن وابن وهب، وصرح الشافعية - رضى الله عنهم - بأنه يندب نقط المصحف وشكله؛ أما تجريد الصحابة - رضوان الله عليهم - له من ذلك، فذلك حين ابتداء جمعه حتى لا يدخلوا بين دفتى المصحف شيئًا سوى القرآن، ولذلك كرهه من كرهه "(٣) .

---

(١) التحريف : هو تغيير فى شكل الحروف المتشابهة فى الرسم ، كالدال والراء ، والدال واللام ، والنون والزاى ، والميم والقاف ، وما إلى ذلك . مناهج تحقيق التراث ص ١٢٤ .

(٢) صبح الأعشى ٣ / ١٦١ .

(٣) صبح الأعشى ٣ / ١٦٢ .

الفصل الرابع

الخطوط العربية وأنواعها

مقدمة :

الخط الذى انتهى إلى العرب تذكره المصادر العربية بأسماء عدة، منها: الخط الحيرى، والخط الأنبارى، والخط المكى، والخط المدنى، والخط الكوفى، والخط البصرى، بعضها عرفه العرب قبل الإسلام، وبعضها عرفوه بعد الإسلام.

الخطوط السابقة لا نعرف كثيراً من خصائصها، غير ما يذكره ابن النديم (المتوفى ٣٨٥ هـ) الذى حاول وصف الخطين المكى والمدنى بطريقة تدعو إلى الاعتقاد بأنهما خط واحد، يقول: " فأما المكى والمدنى ففى ألفاته تعويج إلى يمنة اليد، وأعلى الأصابع، وفى شكله انضجاع يسير "[١] .

" والمرجح أن تكون الفوارق بين هذه الخطوط جميعًا فوارق تجويد لا فوارق خصائص؛ لأن العرب الذين تلقفوا ظاهرة الكتابة، وهى على حالة من البداوة شديدة، لم يكن لديهم من أسباب الاستقرار ما يدعو إلى الابتكار فى الخط الذى انتهى إليهم، ولم تبلغ هذه الظاهرة لديهم مبلغ الظاهرة الفنية إلا عندما أصبحت للعرب دولة تعددت فيها مراكز الثقافة، ونافست المراكز بعضها بعضًا على نحو ما حدث فى الكوفة والبصرة، والشام ومصر، ومراكز الثقافة العربية فى المغرب ومراكزها فى الشرق "[٢] .

---

(١) الفهرست ص ١٣ .

(٢) قصة الكتابة العربية ص ٢١ ، ٢٢ .

وقد تحدث ابن النديم (المتوفى ٣٨٥ هـ) عن خطوط المصاحف التى عرفها بالترتيب الآتى[(١)] : المكى، والمدنى، والتئم، والمثلث، والمدور، والكوفى، والبصرى، والمشق، والتجاويد، والسلواطى، والمصنوع، والمائل، والراصف، والأصفهانى، والسجلى، والقيراموز.

ولم يثبت نموذجًا لكل نوع، أو يبين الزمن الذى كان يكتب فيه بهذا الخط أو ذاك، ولاشك أن خطوط المصاحف فى عهد الخلفاء الراشدين، والعصر الأموى كانت بالخط المكى والمدنى فى الجزيرة العربية، والخطان البصرى والكوفى كانا فى العراق، والخطوط: الجليل والمشق والمائل كانت فى الشام، أما ما تبقى من الأسماء فيرجح أنها وليدة العصر العباسى، فالقيراموز كلمة فارسية معناها السهل، أى الخط السهل، والأصفهانى نسبة إلى أصفهان، والسجلى نسبة إلى السجل، وهى حتمًا من العصر العباسى ، وأما المثلث والمدور والراصف والمصنوع والتجاويد فهى تدل على الصنعة الفنية فى الخط، وعلى تفريع خط من خط آخر، ومثل هذه الأمور ازدهرت فى العصر العباسى، ونساخ المصاحف لم يثبتوا فى آخر مصاحفهم اسم الخط الذى كتبوا به تلك المصاحف ، ولعله كان معروفًا لديهم ، فلم يحتاجوا لذكره[(٢)] .

الخطوط العربية :

الخطوط التى كانت مستعملة، وما زالت مستعملة حتى الوقت الحاضر، هى: خط الثلث، وخط النسخ، وخط الرقعة، والخط الفارسى، والخط الديوانى، والخط الكوفى، والخط المغربى.

---

(١) انظر : الفهرست ص ١٤ .

(٢) انظر : تطور الكتابة الخطية العربية - د / محمود عباس حمودة ص ١١٣ .

وإليكم التعريف بالخطوط السابقة :

١ - خط الثلث (قلم الثلث) :

يعبر عن الثلث بأم الخطوط، فلا يعد الخطاط خطاطًا إلا إذا أتقنه، وهو أصعب الخطوط، ويليه النسخ، ويليه الفارسى، وأول من وضع قواعد الثلث الوزير ابن مقلة[١] ، وهو نوعان: قلم الثلث الخفيف[٢] ، وقلم الثلث الثقيل[٣] .

وسبب تسميته بالثلث، وما فى معناه من الأقلام المنسوبة إلى الكسور، كالثلثين والنصف اختلف فيها الكتاب على مذهبين[٤] :

المذهب الأول : ما نقل عن الوزير ابن مقلة أن الأصل فى ذلك أن للخط الكوفى أصلين من أربع عشرة طريقة، هما لها كالحاشيتين، وهما :

أ - قلم الطومار : وهو قلم مبسوط كله ليس فيه شىء مستدير، وكثيراً ما كتبت به مصاحف المدينة القديمة.

ب - قلم غبار الحلية : وهو قلم مستدير كله ليس فيه شىء مستقيم؛ فالأقلام كلها تأخذ من المستقيمة والمستديرة نسبًا مختلفة، فإن كان فيه من الخطوط المستقيمة الثلث سمى قلم الثلث وإن كان فيه من الخطوط المستقيمة الثلثان سمى قلم الثلثين.

---

(١) ابن مقلة هو أبو على محمد بن على بن الحسن بن مقلة ، ولد فى عام ٢٧٢ هـ ببغداد ، وقتل فى عام ٣٢٨ هـ ، وله من العمر ٥٦ سنة . انظر : الفهرست ص ١٨ .

(٢) الثلث الخفيف : هو ما كانت خطوطه الرأسية على ارتفاع خمس نقط بعرض نفس القلم .
انظر : صبح الأعشى ٣ / ١٠٤ .

(٣) الثلث الثقيل : هو ما كانت خطوطه الرأسية على ارتفاع سبع نقط بعرض نفس القلم .
انظر : صبح الأعشى ٣ / ١٠٤ .

(٤) انظر : صبح الأعشى ٣ / ٥٢ ، والخط والكتابة فى الحضارة العربية ص ١٣٠ .

المذهب الثانى : ما ذهب إليه بعض الكتاب أن هذه الأقلام المنسوبة من نسبة قلم الطومار فى المساحة، وذلك أن قلم الطومار الذى هو أجل الأقلام مساحة عرضه أربع وعشرون شعرة من شعر البرذون [(١)] ، وقلم الثلث منه بمقدار ثلثه، وهو ثمانى شعرات، وقلم النصف بمقدار نصفه، وهو اثنتا عشرة شعرة، وقلم الثلثين بمقدار ثلثيه وهو ثمانى عشرة شعرة.

" وقد سمى خط الثلث فى العصور المتأخرة المحقق بسبب تحقيق كل حرف من حروفه للأغراض المراد منها، وكانت تضاف تحت سيناته ثلاث نقط؛ لتجميله وزخرفته، وقد سماه العثمانيون جلى ثلث " [(٢)] .

ويستعمل خط الثلث لكتابة عناوين الكتب المؤلفة، وأوائل سور القرآن الكريم، وتقسيمات أجزاء الكتب، وكتابة اللافتات التى يكتب عليها أسماء أصحاب الحوانيت، وكتابة سطور المساجد والمحاريب والقباب والواجهات، وفى المتاحف، وهو خط جميل يحتمل كثيراً من التشكيل سواء أكان رقيقًا أم جليلاً [(٣)] .

وأول من وضع قواعد خط الثلث ابن مقلة " وزاد عليها حمد الله الأماسى، ومصطفى راقم، واشتهر بإجادته من الأتراك: عبد الله زهدى بك، والشيخ محمد عبد العزيز الرفاعى، والخطاطون الأتراك الأساتذة: شقيق وشوقى وسامى والحاج كامل ونظيف وعبد القادر وحامد الآمدى وغيرهم، ومن البارعين فيه: هاشم محمد

---

(١) البِرْذَوْن : يطلق على غير العربى من الخيل والبغال ، من الفصيلة الخيلية ، عظيم الخِلقة ، غليظ الأعضاء ، قوى الأرجل ، عظيم الحوافر ، جمعه : براذن . المعجم الوجيز [برذون] ص ٤٤ .

(٢) الخط والكتابة فى الحضارة العربية ص ١٣٠ .

(٣) انظر : الخطاطة ص ٧٧ ، والخط والكتابة فى الحضارة العربية ص ١٣١ .

العراقى، ومحمد بدوى الديرانى السورى، ونجيب هواويتى اللبنانى، ومن البارعين فيه من المصريين: محمد مؤنس، وتلميذه محمد جعفر، وتلاميذهما على بك إبراهيم، ثم الشيخ على بدوى، ومحمد إبراهيم الأفندى، ومحمد رضوان، ومحمد حسنى، ومحمد المكاوى، وسيد إبراهيم، ومحمود الشحات، ثم من بعد هؤلاء تلاميذهم فى كافة البلاد الإسلامية "[١] .

---

(١) تطور الكتابة الخطية العربية ص ١٧٦ .

خط الثلث

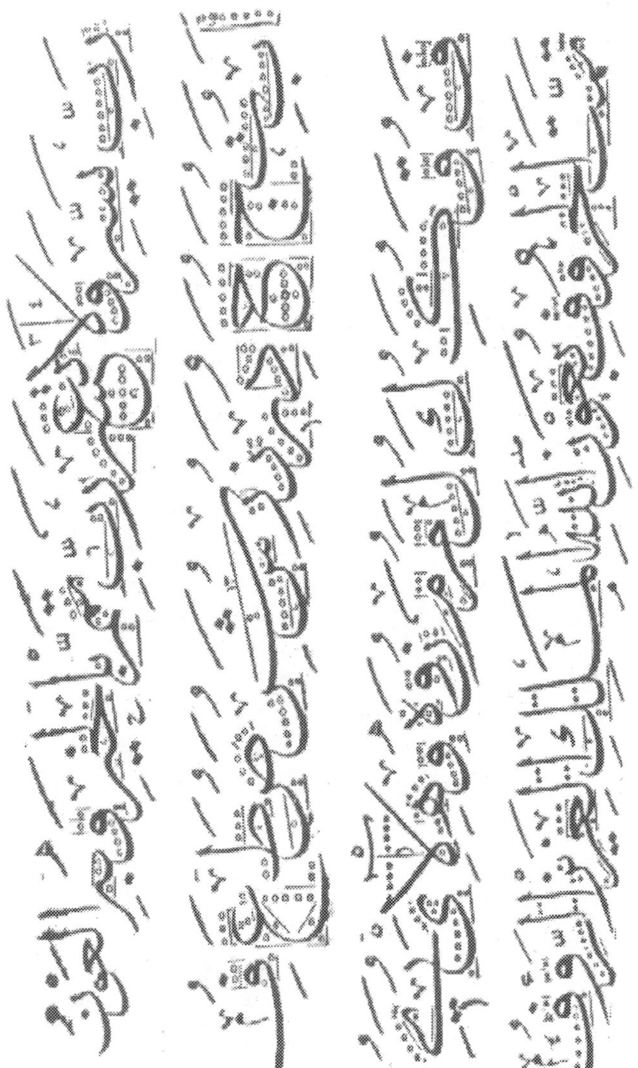

ميزان حروف الثلث - خط الأستاذ محمد أحمد عبد العال

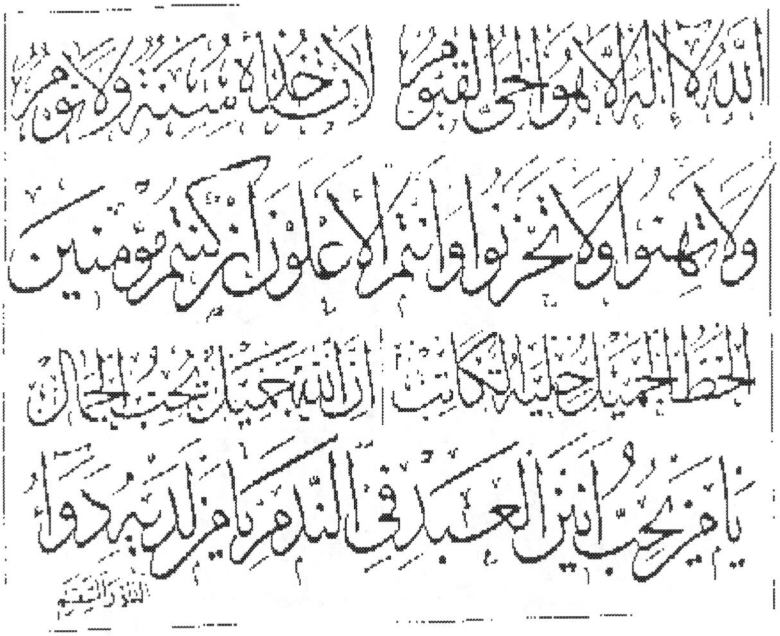
الله لا إله إلا هو الحي القيوم لا تأخذه سنة ولا نوم
ولا تهنوا ولا تحزنوا وأنتم الأعلون إن كنتم مؤمنين
الخط الجميل حلية الكاتب
إن الله جميل يحب الجمال
يا من يحب أنين العبد في الندم يا من لذنبه دوا

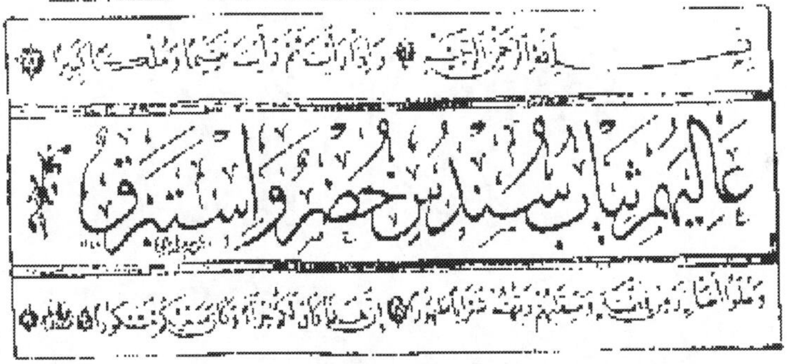
عاليهم ثياب سندس خضر وإستبرق

رب أنزلني منزلا مباركا وأنت خير المنزلين

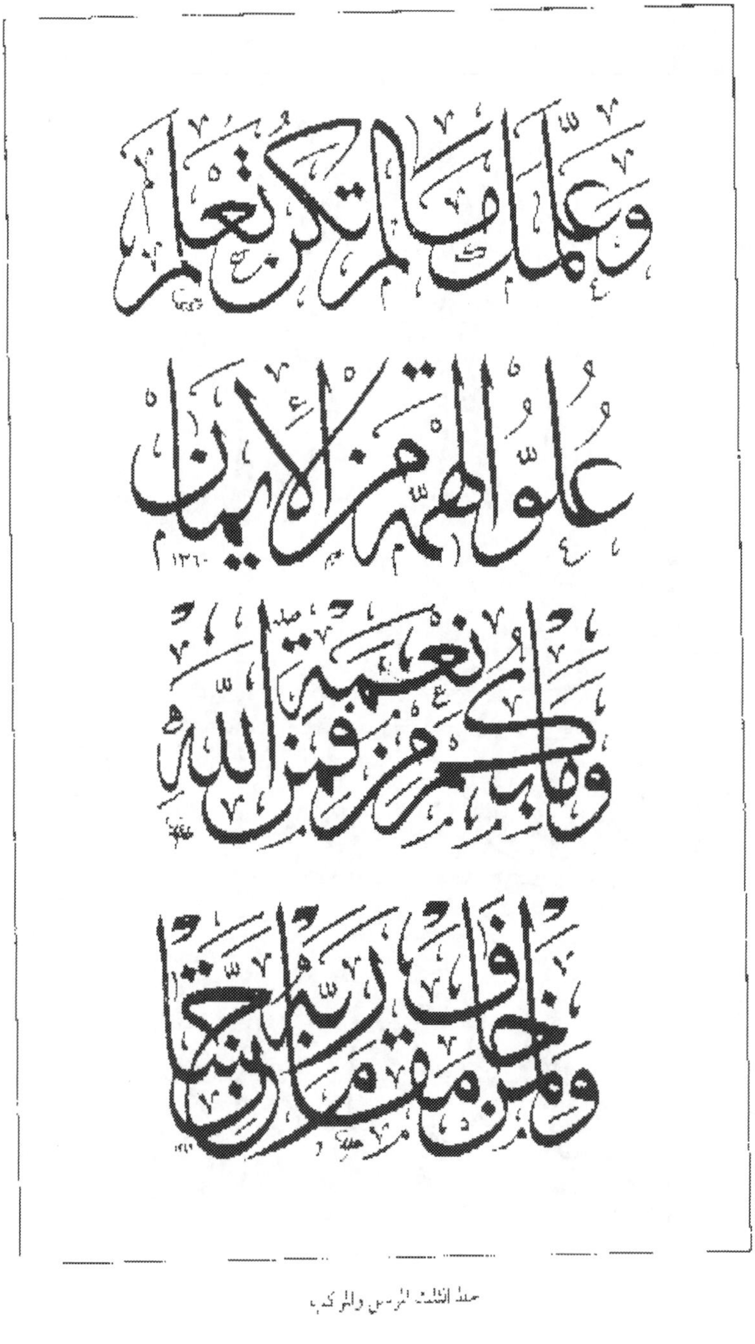
وعلمك ما لم تكن تعلم
علو الهمة من الإيمان
وما بكم من نعمة فمن الله
ولمن خاف مقام ربه جنتان

خط الثلث المرسل والمركب

لوحات مجودة ثلث مرسل (مفرود) مكتوبة على النسبة الفاضلة ونفس التشكيل بقلم الأساتذة محمود أحمد عبد العال ثم محمد على المكاوى ورغم هذا يوجد فروق فى الكتابة

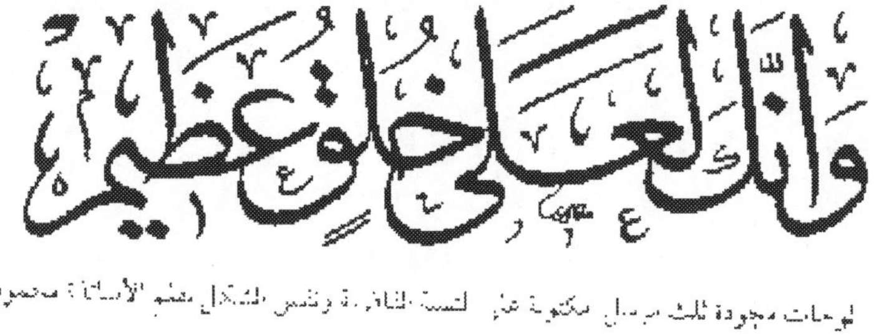

لوحات مجودة ثلث مرسل مكتوبة على النسبة الفاضلة ونفس التشكيل بقلم الأساتذة محمود الشحات ثم محمد على المكاوى ورغم هذا يوجد فروق فى الكتابة

٢ - خط النسخ (قلم النسخ) :

سمى بالنسخ؛ لأن الكتاب ينسخون به المصحف، ويكتبون به المؤلفات، " وهو مشتق من الجليل[١] ، أو الطومار أو منهما معًا، وكان ابن مقلة يسميه البديع "[٢] .

وقد سمى خط النسخ أيضًا بالخط المنسوب؛ لأن الخطاط ابن مقلة وضع معايير وضوابط للخط منذ أواخر القرن الثالث الهجرى، وجعل من حرف الألف مقياسًا تقاس بالنسبة إليه بقية الحروف[٣] .

وقد حدث تجويد بالغ للخط النسخى فى عصر الأتابكة (٥٤٥ هـ) حتى عرف بالنسخى الأتابكى الذى جرى على نسبة ثابتة، وهو الذى كتبت به المصاحف فى العصور الإسلامية الوسطى، وحل محل الخطوط الكوفية، وفى العصر الأيوبى فى مصر والشام حلت الخطوط الثلثية والنسخية محل الخط الكوفى، وانتشر خط النسخ فى شرق العالم الإسلامى وغربه، وغدا الذوق المفضل، ولم ينقض القرن السادس الهجرى حتى قل شأن الخطوط الكوفية، سواء فى كتابة المصاحف أو فى النقوش على جدران المساجد[٤] .

---

(١) القلم الجليل أو الجلى : هو قلم كبير يكتب به فى المحاريب وعلى أبواب المساجد وجدران القصور ونحوها ، وسمى بالجلى لأنه أكبر الأقلام وأوضحها . انظر : الخطاطة ص ٧١ .

(٢) الخط والكتابة فى الحضارة العربية ص ١٣٧ .

(٣) انظر : الكتابات العربية على الآثار الإسلامية ص ٥٧ .

(٤) انظر : قصة الكتابة العربية ص ٦٣ ، والخط والكتابة فى الحضارة العربية ص ١٤٢ ، والخطاطة ص ٧٧ .

وقد تطور خط النسخ الذى وجد مكتوبًا فى مخطوطات القرن الثانى للهجرة على يد الخطاط ابن مقلة ، والخطاط ابن البواب [١] فى القرنين الثالث والرابع الهجريين.

وازدهر هذا الفن فى القرن السابع الهجرى على يد ياقوت المستعصمى [٢] الذى لقب بقبلة الكتاب، وتلمذ له عدد من الخطاطين البارعين، وأجاده حمد الله الأماسى، ومصطفى راقم، واشتهر بإجادته محمد عبد العزيز الرفاعى والحافظ عثمان الذى كتب عدة مصاحف، ومصطفى نظيف.

ويجيد هذا الخط كثير من الخطاطين منهم بمصر: الأستاذ محمد جعفر، ومحمد إبراهيم الأفندى، ومحمد رضوان، ومحمد غريب العربى، وعلى بدوى، ونجيب هواويتى، ومحمد المكاوى، ومحمد حسنى، وسيد إبراهيم، وعبد الرازق سالم، وأحمد الحسينى ... إلخ [٣] .

---

(١) هو أبو الحسن على بن هلال المشهور بابن البواب ، كان أبوه هلال بوابًا لبنى بويه ، عمل ابن البواب فى أول نشأته مزوِّقًا يصور الدور ، دهانًا فى السقوف ، ثم صور الكتب ، ثم تعاطى الكتابة ففاق فيها المتقدمين ، وأعجز المتأخرين ، توفى ابن البواب فى يوم الخميس ثانى جمادى الأولى سنة (٤١٣ هـ) . انظر : وفيات الأعيان لابن خلكان ٣ / ٢٩ .

(٢) هو أبو الدر جمال الدين ياقوت بن عبد الله المستعصمى الطواشى البغدادى ، الملقب بقبلة الكتاب ، من أصل رومى وكان من مماليك المستعطم بالله آخر الخلفاء العباسيين ببغداد فانتسب إليه ، وهو آخر من انتهت إليه رئاسة الخط المنسوب ، توفى ببغداد سنة (٦٩٨ هـ). انظر :الخط والكتابة فى الحضارة العربية ص ٢٣٦ - ٢٤٠ .

(٣) انظر : تطور الكتابة الخطية العربية ص ١٧٦ .

خط النسخ

للأستاذ محمد حسني آل الروس

الحياء من الإيمان | الحياء خير كله | من لا حياء له لا خير فيه | إذا لم تستح فاصنع ما شئت

المروءة بسمة حسنة | تاج المروءة التواضع ، التواضع يزيد في الشرف | من تواضع لله رفعه

العلم أفضل مكتسب وبه تحيا الأمة | حلية العلم الأدب | لا شرف مع سوء أدب | نعم المؤدب الدهر

لكل مجتهد نصيب | من علت همته كثرت قيمته ، قدر الرجل على قدر همته ، علو الهمة من الإيمان

التقوى رأس النجاح | الحلم سيد الأخلاق | زينة المرء عقله | أنزلوا الناس منازلهم

طاعة أولي الأمر فرض | طاعة الولاة بقاء العز | أطع من فوقك يطعك من دونك | رضا الله في رضا الوالدين

الكذب داء | والصدق شفاء | جمال المرء في صدق مقاله ، وكمال المرء في حسن فعاله

من اعتاد البطالة لم ينجح | العمل مفتاح باب السعادة وكسب المال زينة الأمن | لا تؤخر إلى الغد ما تقدر على عمله اليوم

يد الله مع الجماعة | المرء قليل بنفسه كثير بإخوانه ، دوام البشر من رفقة الإخوان | خير الإخوان من واساك

[illegible]

[illegible]

قال الفاروق في شرف السعي لا يقعدن أحدكم عن طلب الرزق ويقول اللهم ارزقني

فليعبدوا رب هذا البيت ۝ الذي أطعمهم من جوع وآمنهم من خوف

« وجاهدوا في الله حق جهاده ، هو اجتباكم ، وما جعل عليكم في الدين من حرج »

خلق الإنسان من علق ۞ اقرأ وربك الأكرم

الذي علم بالقلم ۞ علم الإنسان ما لم يعلم

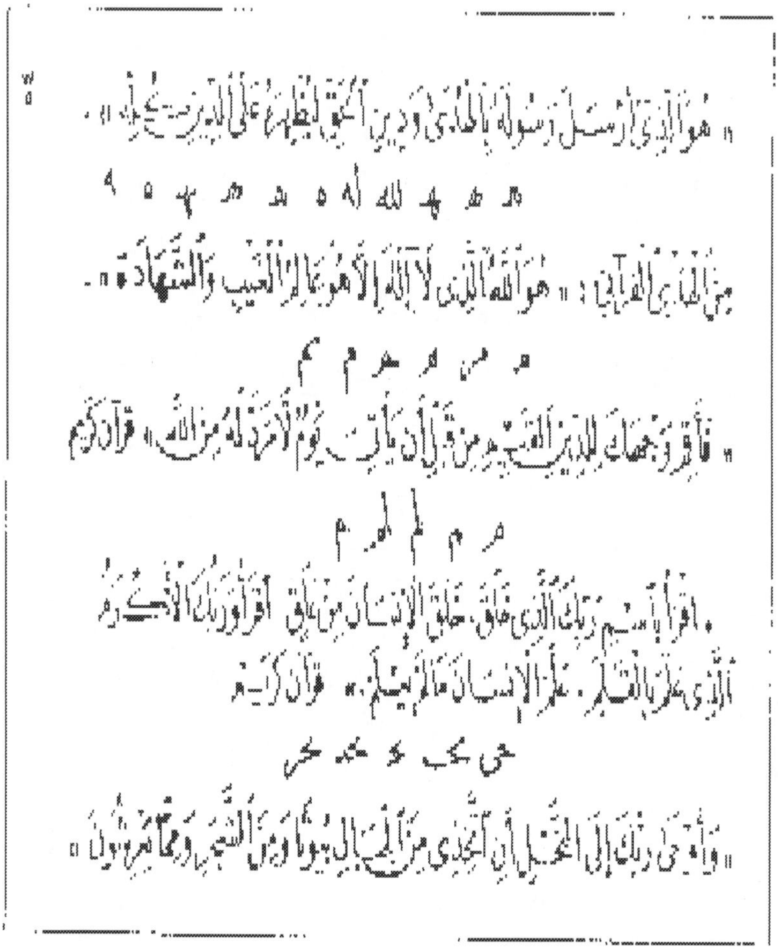
" هو الذي أرسل رسوله بالهدى ودين الحق ليظهره على الدين كله " قرآن
" هو الله الذي لا إله إلا هو عالم الغيب والشهادة "
" فأقم وجهك للدين القيم من قبل أن يأتي يوم لا مرد له من الله " قرآن كريم
" اقرأ باسم ربك الذي خلق . خلق الإنسان من علق . اقرأ وربك الأكرم . الذي علم بالقلم . علم الإنسان ما لم يعلم " قرآن كريم
" وأوحى ربك إلى النحل أن اتخذي من الجبال بيوتا ومن الشجر ومما يعرشون "

خط النسخ بقلم الأستاذ محمد علي المكاوي

٣ - خط الرقعة (قلم الرقعة) :

لا تتفق الآراء على بدء نشوء خط الرقعة وتسميته التى لا علاقة لها بخط الرقاع [١] القديم، وهو قلم قصير الحروف يحتمل أن يكون قد اشتق من الخطين الثلثى والنسخى وما بينهما، والكتابة به أسرع إنجازًا من كتابة خط النسخ.

وقد عثر على كتابات ونصوص قديمة لهذا الخط تعود إلى سنة ٨٨٦ هـ ومنها ما كتبه السلطان سليمان القانونى، وهو خليط من حروف النسخ والديوانى الدقيق القديم وغيرها من نصوص آل عثمان.

أما خط الرقعة الحالى فقد اخترعه ووضع قواعده المستشار ممتاز بك مصطفى أفندى الذى كان فى عهد السلطان عبد المجيد خان حوالى سنة ١٢٨٠ هـ [٢] .

ويتميز هذا الخط بأن يكتب حرفا السين والشين فيه دون أسنان، كما أن التاء المربوطة والهاء النهائيتين يكتبان فيه دون انتهاء برأس مستديرة مفرغة وكتابتهما تكون بمد الحرف قليلاً وإنهائه بسِنَّة مدببة إلى أسفل، وترسم الكاف النهائية فى هذا الخط بأن تكتب بلف طرفها إلى الداخل بشكل حلزونى، وتكتب القاف النهائية دون نقط بأن ينثنى طرفها بتدبيب إلى أسفل، كما تكتب كاسة الميم التى فى أول الكلمة أو فى وسطها أو فى آخرها بشكل مطموس غير مفرغ [٣] ، ومثل ذلك الواو، والقاف المتطرفة، والعين والغين فى وسط الكلمة

---

(١) قلم الرِّقاع : من الأقلام القديمة التى استعملت فى ديوان الإنشاء بإضافة قلم إلى الرقاع التى تكتب به ، والرقاع جمع رقعة وهى الورقة الصغيرة التى تكتب فيها المكاتبات وما فى معناها ، وصوره فى الأصل كصور حروف الثلث والتوقيع ، إلا أنه يخالفه فى أمور منها : أن حروفه تكون أدق وألطف من حروف التوقيع ، ويغلب فيه الطمس ، وأن قلمه أميل إلى التدوير من قلم التوقيع الذى هو أميل إلى التدوير من قلم الثلث . انظر : صبح الأعشى ٣ / ١٠٤ ، ١٠٥ ، والخطاطة ص ٧٥ .

(٢) انظر : الخطاطة ص ٧٥ ، والخط والكتابة فى الحضارة العربية ص ١٧٨ .

(٣) انظر : الكتابات العربية على الآثار الإسلامية ص ٦٤ .

وآخرها. وبعض الحروف فى هذا الخط ترسم رءوسها مفرغة، مثل: الجيم، والحاء، والخاء، والصاد، والضاد، والطاء، والظاء والفاء المتوسطة والمتطرفة.

" ويستعمل خط الرقعة فى الكتابة اليومية والمراسلات وعناوين الكتب والمجلات وعناوين الدوائر الرسمية وفى الإعلانات التجارية؛ وذلك لبساطته ووضوحه وبعده عن التعقيد "[1] .

خط الرقعة

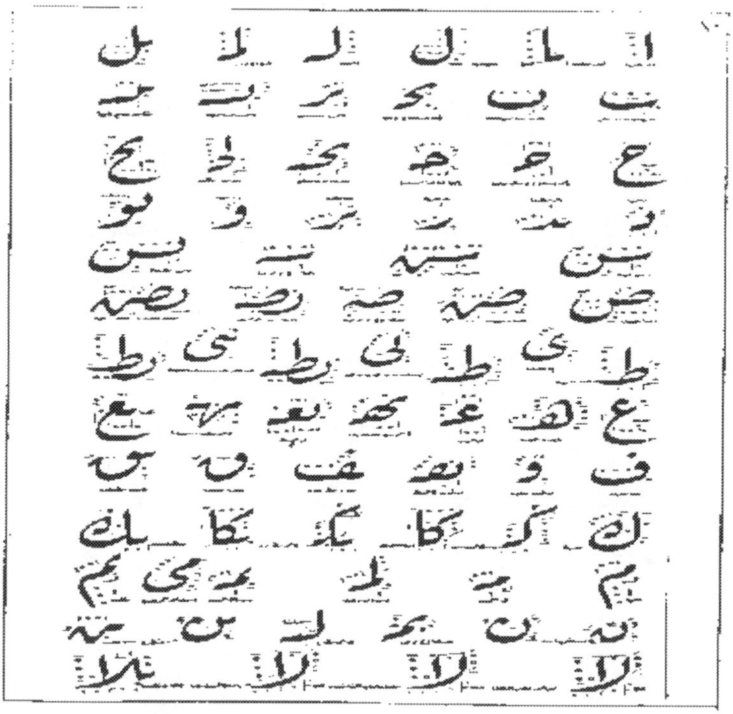

[illegible]

(١) الخط والكتابة فى الحضارة العربية ص ١٧٨ .

أهدى أحد الحكماء للإسكندر المقدوني كرة من الذهب مثمنة الشكل ، وقد نقشت على كل قسم من أقسامها حكمة ، فجاءت تلك الحكم في مجموعها كالحلقة المفرغة ، التي لا يعرف من أين بدأت ولا إلى أين انتهت . وإليك هي ذه :

العالم بستان سياجه الدولة . الدولة سلطان تحيا به السنة . السنة شريعة يحفظها الملك . الملك راع يعضده الجند . الجند أعوان يكفلهم المال . المال رزق تجمعه الرعية . الرعية خدام يتعبدهم العدل .

العدل مألوف وبه صلاح العالم .

[illegible]

لا تحقرن من المعروف شيئاً ولو أن تلقى أخاك بوجه طلق . الكلمة الطيبة صدقة

إن أخلاق العرب أرفع من أن تسطر ما تعرفه من مكرمات ، وتحقيق ما تصبو إليه من أهداف .

قيل للعباس : أنت أكبر أم الرسول ؟ قال : هو الأكبر ، وأنا ولدت قبله

سادوا معارفوا بجناب ملوك كانوا   سادوا سعادوا بمغربيا دشاهد

قال تعالى في كتابه الكريم : يا أيها الذين آمنوا اتقوا الله وقولوا قولاً سديداً يصلح لكم أعمالكم ويغفر لكم ذنوبكم

كان الناس أمة واحدة فبعث الله النبيين مبشرين ومنذرين

٤ - الخط الفارسى (التعليق) :

كان الفرس قديمًا يكتبون بالخط الفهلوى نسبة إلى فهلا الواقعة بين همدان وأصفهان وأذربيجان - وبعد الفتح الإسلامى لبلاد فارس انتقلت الكتابة بالحروف العربية إليهم، وأصبحت الكتابة العربية كتابتهم الرسمية والقومية، وحلت الحروف العربية محل الحروف الفهلوية الفارسية، وافتنَّ الإيرانيون فى الابتكار ومنهم الخطاط أبو العال الذى زاد فى الحروف الباء والزاى والجيم بثلاث نقط (ب ، ز ، ج) التى لم تكن موجودة قبل ذلك فى الاستعمال فى الحروف العربية، فلفظوها بحسب لغتهم[١] .

وقد اهتم الفرس بالخط العربى خاصة فى أوائل القرن الثالث الهجرى فى عهد الدولة العباسية التى علا فيها سلطان الفرس والعراق، فعمدوا إلى الخط النسخى، وأدخلوا فى رسوم حروفه أشياء زائدة، ميزته عن أصله حتى قيل إن (حسن فارسى) كاتب عضد الدولة الديلمى (٣٢٢ - ٣٧٢ هـ) استنبط قواعد خط التعليق الأول من أقلام النسخ والرقاع والثلث، وهو الذى وضع خط التراسل أو التحريرى الذى انتشر فى المراسلات العامة.

وذكر فى دائرة المعارف الإسلامية أن أقدم ما وجد من ذلك الخط الفارسى الذى سمى التعليق كان مؤرخًا بسنة ٤٠١ هـ ويتميز خط التعليق بأنه لا يخلط بحروفه حروف من أى قلم آخر من الأقلام العربية، ولا ترسم له حركات، واصطلح الخطاطون على رسم ثلاث نقط تحت حرف السين المعلقة للزخرفة.

---

(١) انظر : الخطاطة ص ٨٢ - ٨٤ ، والخط والكتابة فى الحضارة العربية ص ١٦٨ - ١٧١ .

وقد كتبت بهذا الخط كتب الأدب والدواوين، أما كتب الحديث فكانت تكتب بالخط النسخى المستطيل، وعُدَّ خط التعليق لذلك خطًّا عاميًّا.

وخط التعليق الذى يكتب به الفرس اليوم، هو نوع من خط التعليق القديم المخصص للأعمال الرسمية، وهو السائد عندهم حاليًّا.

ويستعمل فى كتابة عناوين الكتب والمجلات والبطاقات الشخصية وغيرها، وقد سمى هذا النوع بالتعليق؛ لأن حروفه معلقة بين خطى النسخ والثلث، أى إنه يجمع بينهما، ويكتب بالخط الفارسى - التعليق الآن فى إيران والهند وأفغانستان.

والخط الفارسى (التعليق) ثلاثة أنواع[١] :

أ - الفارسى العادى :

ويسمى فى بلاد العجم وأفغانستان بـ (نستعليق)[٢] وهو خط يمتاز بخفة ولطف لا يوجدان فى خط التعليق، وهذا الخط أطوع فى يد الكاتب، وأسلس انقيادًا من خط التعليق، وأول من وضع قواعد هذا الخط هو (مير على سلطان التبريزى المتوفى٩١٩ هـ)، المشهور بقبلة الكتاب، ثم أتى بعده من زاد فى تحسينه، مثل: عماد الدين الشيرازى المعروف بالعجمى، وتعرف طريقته عند الخطاطين بقاعدة عماد، وسلطان على المشهدى، ومير على الهروى، وغيرهم، وما زال خطاطو الفرس والترك يدخلون على هذا الخط التحسينات حتى أصبح كما هو

---

(١) انظر : قصة الكتابة العربية ص ٧٨ - ٨١ ، والخطاطة ص ٨٣ ، ٨٤ ، والخط والكتابة فى الحضارة العربية ص ١٧٠ ، ١٧١ .
(٢) هذه كلمة تجمع بين كلمتين هما : النسخ والتعليق .

الآن فى غاية الحسن والجمال، واشتق من هذا الخط (الخط التحريرى) الذى يستعمله الفرس فى المراسلات.

ب - خط الشكسته :

لقد كتب الفرس رسائلهم العادية، ونقشوا الزخرف بخط دارج مكسر أطلقوا عليه خط الشكسته [١]، وهو خط صغير ورفيع، صعب القراءة، لم تطبق عليه قواعد الخط، وهو خالٍ من الإعجام (النقط)، ويسمى بالتركية (قرمة تعليق) ويعد هذا النوع طلسمًا ولغزًا من الألغاز المعقدة، حيث لا يعرفه كل شخص، وليس فى بلاد العرب من يعرف كتابته ولا قراءته، وفى بلاد الفرس والعجم لا يعرفه إلا من تعلمه ومارسه.

وأول من وضع قواعد هذا الخط شخص اسمه شفيع، ويقال له (شفيعا) بألف الإطلاق، ثم جاء بعده درويش عبد المجيد طالقانى فأكمل قواعده.

جـ - خط شكسته آميز [٢] :

وهو ما كان خليطًا بين خطى نستعليق وشكسته، وهو أيضًا كالطلسم إلا أنه أخف من النوع الثانى، وأشهر خطاطى الفرس القدماء نجم الدين أبو بكر محمد الراوندى فإنه - كما يقال - كان يعرف سبعين نوعًا من أنواع الخط، ومن خطاطيهم المشهورين الذين طوروا وحسنوا الخط الفارسى الخطاط سلطان على المشهدى، الذى أدخل تحسينات كثيرة عليه. ومن بين الخطوط التى عرفت بإيران الخط الأصفهانى، وخط جلى تعليق الذى تكتب به الألواح الكبيرة، وقد تفوق

---

(١) كلمة شكسته تعنى فى العربية المكسر .

(٢) يعنى الشبيه بالشكسته المكسر .

الخطاطون الأتراك فيه. وقد رافق العناية بالخط الفارسى نشوء العناية بتذهيب الكتب وتزيينها وتحليتها، وقد برع الفرس فى ذلك ، فذهَّبوا المصاحف والمخطوطات والكتب الشرعية، وكذلك كتب الأدب والشعر وغيرها.

الخط الفارسي

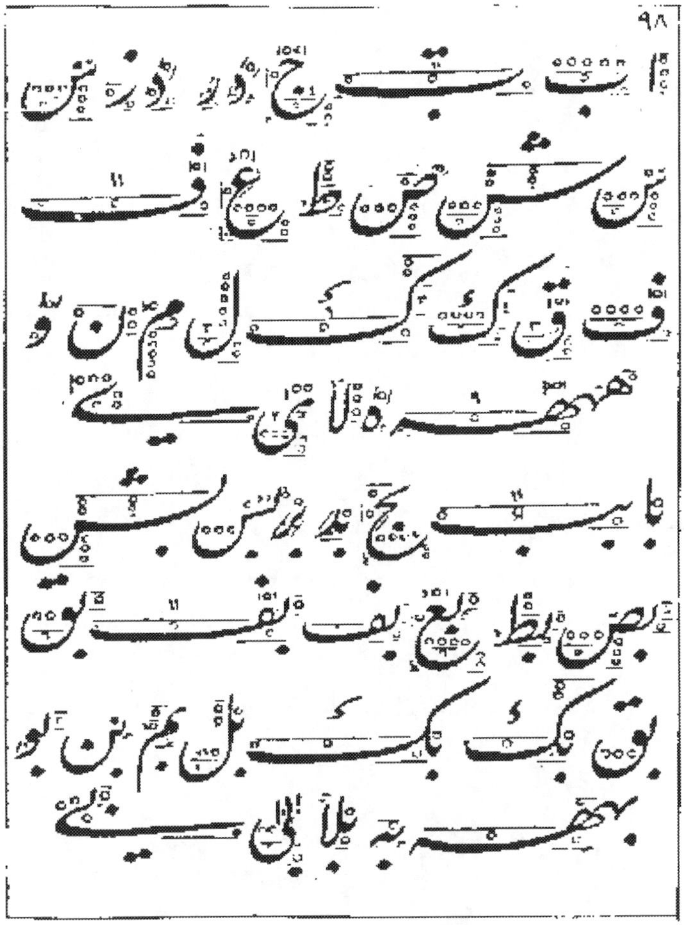

للأستاذ محمد أحمد عبد العال

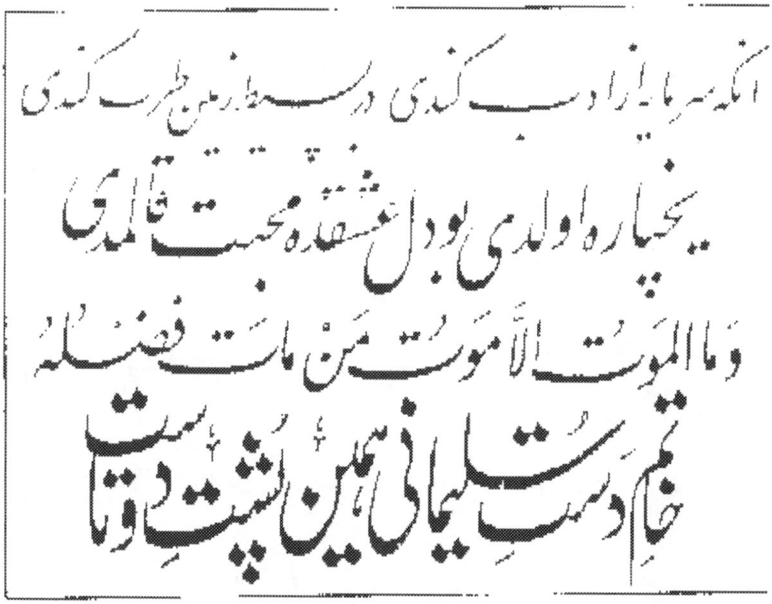
بیچاره اولدی بو دل عشقده محبت قالمدی
وما الموت الا موت من مات فضله
خاتم دست سلیمانی همین پشت دوتاست

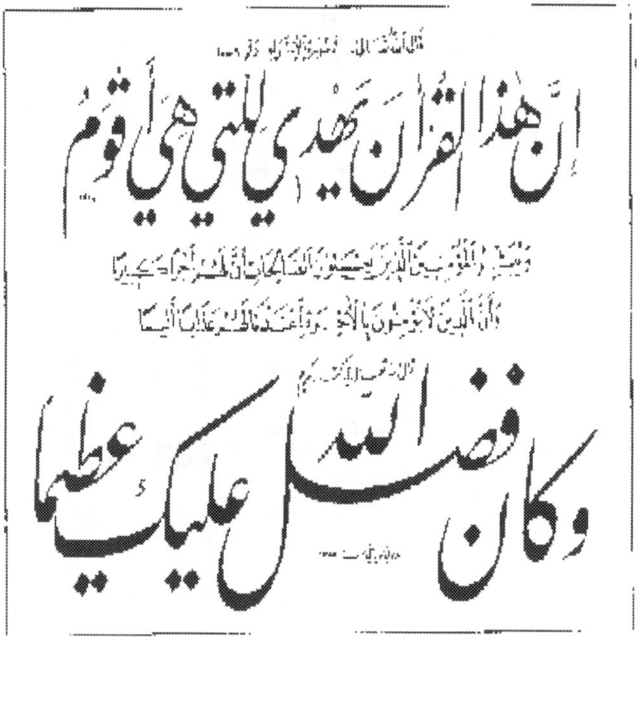
إن هذا القرآن يهدي للتي هي أقوم
ويبشر المؤمنين الذين يعملون الصالحات أن لهم أجرا كبيرا
وأن الذين لا يؤمنون بالآخرة أعتدنا لهم عذابا أليما
وكان فضل الله عليك عظيما

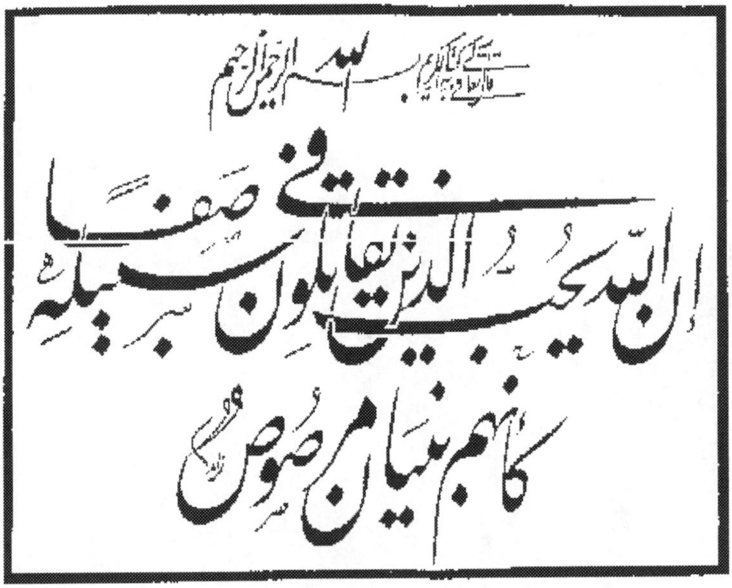

لوحة بالخط الفارسي من كتابة الحاج زايد من لوحاته المشهورة

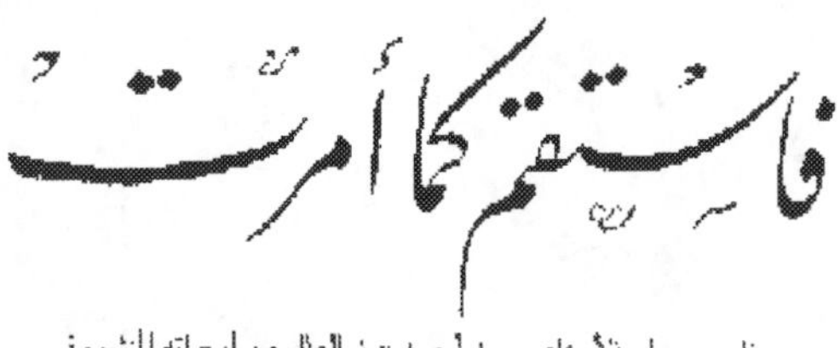

فارسي بقلم الأستاذ محمد أحمد عبد العال من لوحاته المشهورة

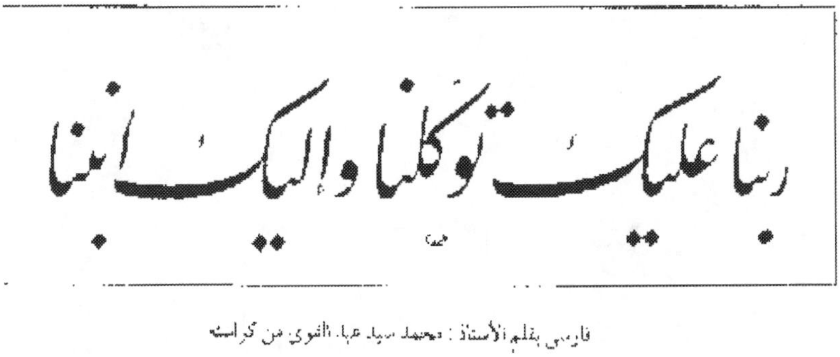

فارسي بقلم الأستاذ : محمد سيد عبد القوي من كراسته

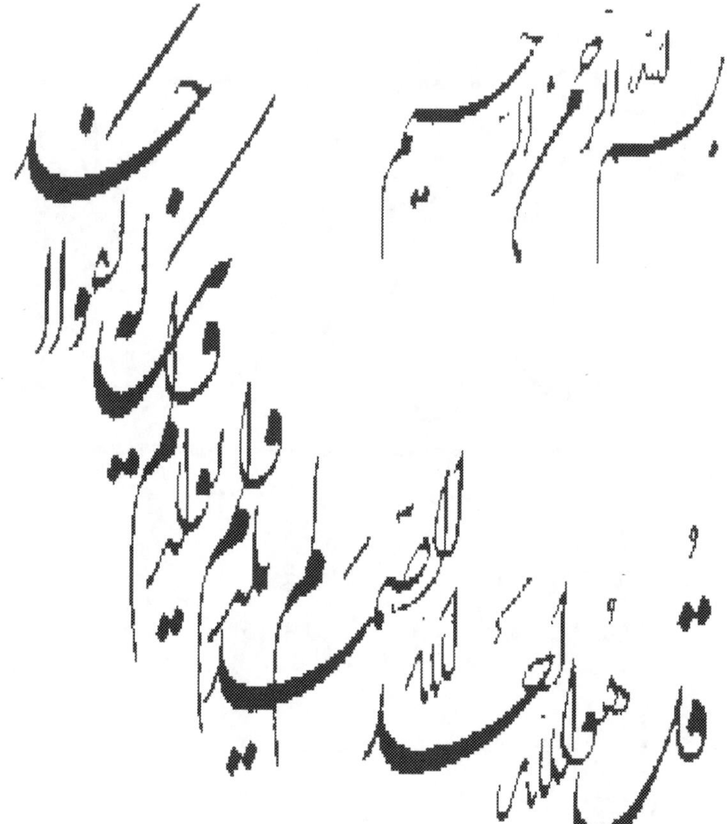

بسم الله الرحمن الرحيم
قل هو الله احد الله الصمد لم يلد ولم يولد ولم يكن له كفوا احد

الصمدية بخط شكسته بقلم الأستاذ زرين قلم

٥ - الخط الديوانى [١] :

سمى هذا الخط بالديوانى؛ لاستعماله فى الديوان العثمانى الهمايونى السلطانى، وكانت تكتب به جميع الأوامر الملكية، والإنعامات، والفرامانات التركية سابقًا، وكان هذا الخط فى الخلافة العثمانية سرًّا من أسرار القصور السلطانية لا يعرفه إلا كاتبه، أو من ندر من الطلبة الأذكياء، ثم انتشر بعد ذلك بسبب وجود مدرسة الخطوط العربية الملكية بمصر.

وأول من وضع قواعد الخط الديوانى إبراهيم منيف، بعد فتح السلطان محمد الفاتح العثمانى القسطنطينية سنة ٨٥٧ هـ.

والخط الديوانى نوعان: ديوانى رقعة، وديوانى جلى، فالأول: ما كان خاليًا من الشكل والزخرفة، ولابد من استقامة سطوره من أسفل فقط.

والثانى: ما تداخلت حروفه فى بعضها البعض، وكانت سطوره مستقيمة من أعلى ومن أسفل، ولابد من تشكيله بالحركات، وزخرفته بالنقط حتى يكون كالقطعة الواحدة.

وقد عرف الديوانى الجلى فى نهاية القرن العاشر وأوائل القرن الحادى عشر الهجريين، وهو يحمل خصائص ومميزات الديوانى، ابتدعه أحد رجال الفن يدعى (شهلا باشا) فى الدولة العثمانية، وقد روج له أرباب الخط بالانتشار فى أنحاء البلاد العثمانية، وأولوه العناية بكتابته فى المناسبات الرسمية الجليلة.

ومن الذين اشتهروا بتجويد هذا الخط فى مصر مصطفى بك غزلان، وأطلق على هذا الخط فى مصر (الخط الغزلانى).

---

(١) انظر :قصة الكتابة العربية ص ٧٣- ٧٥، والخط والكتابة فى الحضارة العربية ص ١٥٧، والخطاطة ص٨٦ -٨٨

والخط الديوانى خط جميل جدًّا ومنسق للغاية، وكتابته الدقيقة تكون عادة أجمل من الكتابات الكبيرة، ويستعمل فى مراسلات الملوك والأمراء والرؤساء، وكذلك فى كتابة البراءات والمراسيم والأوسمة الرفيعة والشهادات المدرسية والمستندات والمعايدات والبطاقات الشخصية والتحف الفنية الدقيقة.

الخط الديوانى

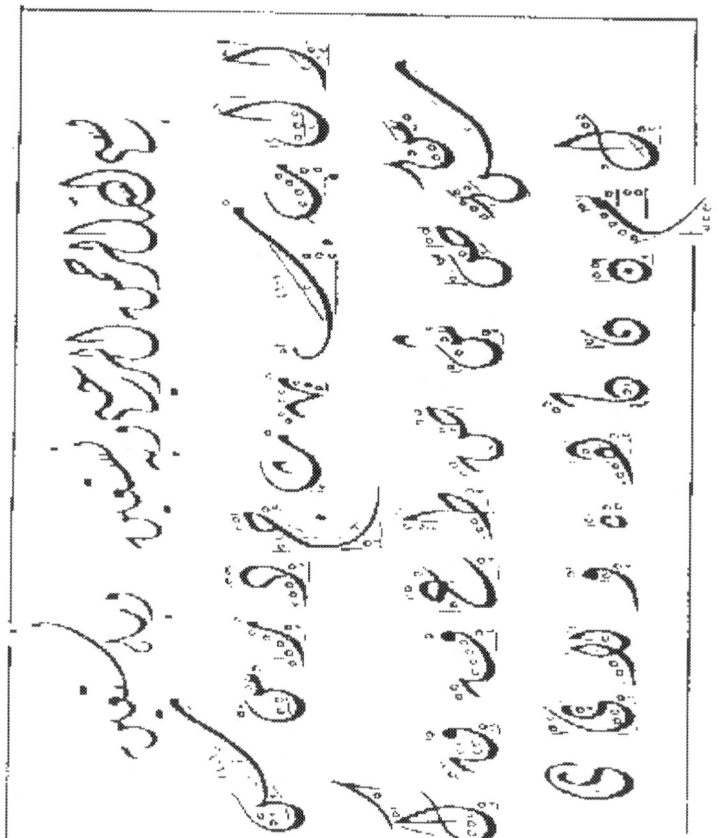

لوح 40د

نماذج من الخط الديواني

نموذج بسملة دائرية الشكل بخط ديواني جلي في الوسط وحولها كتابة بخط ثلثي ونسخي وهي ادعية تبدا ببسملة من الأعلى كتبها الخطاط عبد القادر سنة 1379هـ.

٦ - الخط الكوفى (القلم الكوفى) [١] :

كان العرب يسمون الخطوط بأسماء المدن التى وردت منها؛ فالخطوط التى جاءت من بلاد النبط والحيرة والأنبار سميت بالخط النبطى والحيرى والأنبارى، أما الخط الكوفى فأرجح الآراء فى تاريخه أن أهل الحيرة والأنبار اشتقوا من الخط النبطى خطًّا سمى الحيرى أو الأنبارى، وهو الذى سمى بعد ذلك الخط الكوفى، وهو أكثر شبهًا بالخط النبطى، وهذا الخط الكوفى ينسب إلى الكوفة التى كانت مركزًا من مراكز التجويد والافتنان فى خلافة الإمام على - رضى الله عنه - .

وكان للكوفة نوعان أساسيان من الخط: نوع يابس ثقيل صعب الإنجاز، تؤدى به الأغراض الجليلة، ونوع آخر تجرى به اليد فى سهولة، وهو الخط الذى انتهى إلى الكوفة من المدينة، وقد سمى النوع الأول اليابس (الخط التذكارى)، الذى استخدم فى التسجيل على المواد الصلبة؛ كالأحجار والأخشاب؛ لإثبات الآيات القرآنية والأدعية وتاريخ الوفيات، ويتميز هذا الخط بالجمال والزخرفة، وأحيانًا بخلوه من النقط وترابط الحروف.

وسمى النوع الثانى اللين (خط التحرير) الذى كان للمكاتبات والتدوين والتأليف، ونتج من المزج بين الخطين صورة ثالثة تتصف بالرصانة والجلال هى (خط المصاحف) الذى يجمع بين الجفاف والليونة، وظل هذا الخط هو المفضل طيلة القرون الثلاثة الهجرية الأولى حتى غلبه على أمره خطًّا النسخ والثلث بمشتقاته.

---

(١) انظر : قصة الكتابة العربية ص ٥٦ ، ٥٧ ، ودراسات فى تطور الكتابات الكوفية - د / إبراهيم جمعة ص ٤٥ ، ٤٦، والخط والكتابة فى الحضارة العربية ص ١٢٠ ، ١٢١ ، والخطاطة ص ٨٩ ، ٩٠ ، والكتابات العربية على الآثار الإسلامية ص ٥٣ - ٥٧ ، وتطور الكتابة الخطية العربية ص ١٣٦ - ١٤٠ .

وقد نشأ من الخط الكوفى أنواع فنية وزخرفية قسمها مؤرخو الفنون الإسلامية إلى الأنواع الآتية :

أ - الكوفى البسيط :

وهو النوع الذى لا يلحقه التوريق أو التجميل أو التضفير، وتنتهى قوائم الحروف فيه بشكل مثلث، وقد شاع فى العالم الإسلامى شرقه وغربه فى القرنين الثانى والثالث الهجريين، وقد طور الخطاط هذا الخط فى مستهل القرن الثالث الهجرى، وتم ذلك بتعريض نهايات حروفه أى تفطيحها بحيث تنتهى بشكل مثلث، وهى المرحلة التى مهدت لزخرفته بأشكال نباتية.

ب - الكوفى المورق :

هذا النوع تلحقه زخارف تشبه أوراق الأشجار، تخرج من حروفه القائمة وحروفه المستلقية، وخاصة الحروف الأخيرة، وقد بدأ التوريق يظهر فى حروف الخط الكوفى بعد مستهل القرن الثالث الهجرى، وشاع انتشاره فى أواخر القرنين الثالث والرابع الهجريين، وقد ازدهرت ظاهرة التوريق هذه فى مصر، وانتقلت منها إلى العالم الإسلامى شرقه وغربه.

جـ - الكوفى ذو الأرضية النباتية (الكوفى المخمل) :

نجح الفنان منذ القرن الخامس الهجرى فى تنفيذ الخط الكوفى على أرضية من زخارف نباتية تتألف من فروع نباتية حلزونية مثمرة تنطق بالمهارة وخصب الخيال، ويبدو أن الثراء الزخرفى للأرضية لم يجعل الفنان يكتفى بوضع الكتابات دون أن

يلحق بحروفها زخارف، بل نجده يهتم بزخرفة النصوص الكتابية والأرضية معًا مما يضفى عليها مظهر الثراء والإبداع الفنى.

د - الكوفى المضفر (المجدول) :

هو نوع من الزخارف الكتابية التى بولغ فى تعقيدها أحيانًا على حد يصعب فيه تمييز العناصر الخطية من العناصر الزخرفية، وقد تضفر حروف الكلمة الواحدة، كما تضفر كلمتان متجاورتان أو أكثر؛ لينشأ من ذلك إطار جميل من التضفير.

هـ - الكوفى الهندسى :

يمتاز هذا النوع عن بقية أنواع الخطوط الكوفية بأنه شديد الاستقامة قائم الزوايا، أساسه هندسى بحت، ونشأته غامضة، وأغلب الظن أن فكرة الزخرفة بالطوب مختلف الحرق فى العراق وفارس ، والمعروفة بالهزارباف[١] ، هى التى أوحت به، وهو شائع فى مساجد العراق وإيران.

ومن سلالة هذا النوع الكتابات الهندسية المثلثة أو المسدسة أو المثمنة أو المستديرة، والنوع فى مجموعه زخرفى بحت، وربما تعددت عباراته لشدة تداخلها، واشتراك حروفها .

---

(١) تتكون زخارفه من وضع الطوب المختلف الحرق فى أوضاع رأسية وأفقية بحيث تنشأ من ذلك أشكال هندسية وكتابية لا حصر لها . الخط والكتابة فى الحضارة العربية ص ١٢١ .

الخط الكوفى

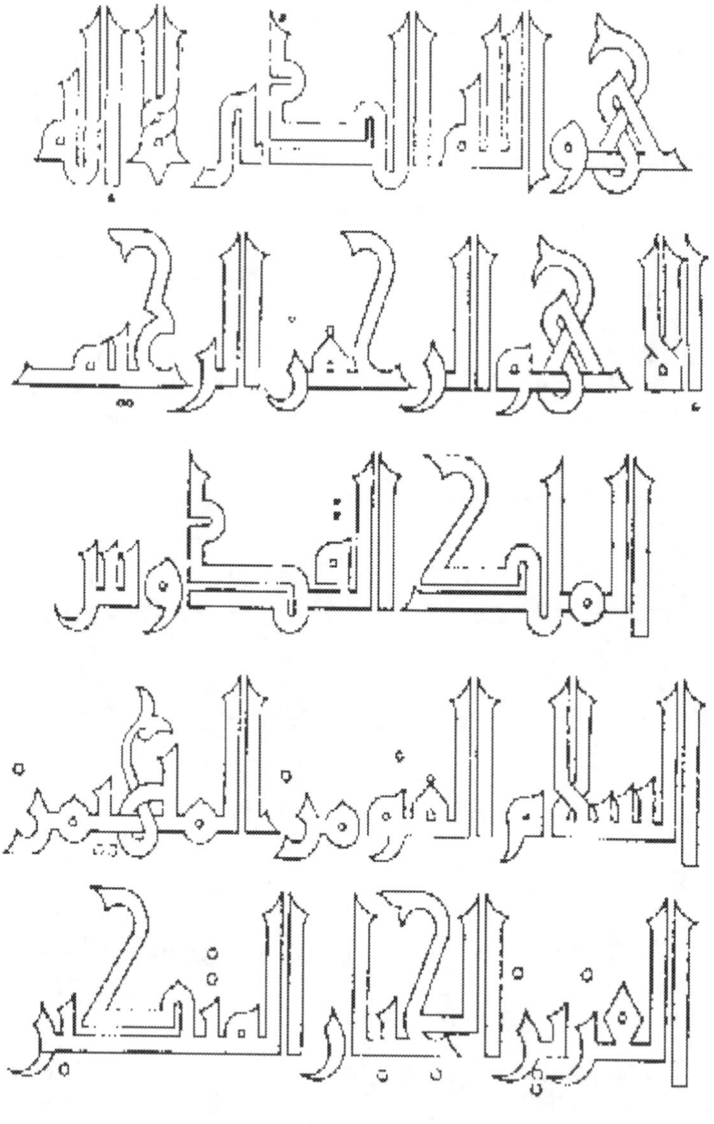

كوفي فاطمي محمول على النسبة الفاضلة بقلم عبد الفتاح أبو شادي

٧ - الخط المغربى [1] :

اشتق الخط المغربى من الخط الكوفى القديم، وأقدم ما وجد منه يرجع إلى ما قبل سنة ثلاثمائة للهجرة، وكان يسمى الخط القيروانى، نسبة إلى القيروان عاصمة المغرب بعد الفتح الإسلامى، وقد أسست القيروان سنة ٥٠ هـ واكتسبت أهمية سياسية عندما انفصل المغرب عن الخلافة العباسية، وصارت عاصمة دولة الأغالبة، ومركز المغرب العلمى؛ فتحسن بها الخط المغربى تحسنًا عظيمًا وعرف بها.

ولما انتقلت عاصمة المغرب من القيروان إلى الأندلس ظهر فيها خط جديد سمى بالخط الأندلسى أو القرطبى، وهو مقوس الأشكال على خلاف الخط القيروانى الذى كانت حروفه مستطيلة مزوَّاة.

وفى شمالى أفريقية أربعة أنواع من الخط المغربى هى :

أ - الخط التونسى : يشبه الخط المشرقى، غير أنه يختلف عنه فى تنقيط القاف والفاء.

ب - الخط الجزائرى : وهو ذو زوايا، وحروفه حادة.

جـ - الخط الفاسى (نسبة إلى مدينة فاس) : ويمتاز باستدارة بعض حروفه، كالنون، والباء الأخيرة، والواوت، واللامات، والصاد، والجيم ... وما شابه.

د - الخط السودانى : وتمتاز حروفه بأنها غليظة، وذوات زوايا حادة كبيرة، وقد انتشر فى أواخر القرن السادس الهجرى بانتشار الإسلام فى أفريقية.

والترتيب الهجائى للحروف الأندلسية والمغربية يخالف طريقة المشارقة كالآتى:

أ ب ت ث ج ح خ د ذ ر ز ط ظ ك ل م ن ص ض ع غ ف ق س ش هـ و لا ى.

---

(١) انظر : الخط والكتابة فى الحضارة العربية ص ١٤٢ ، ١٤٣ ، والخطاطة ص ٩٣ - ٩٨ .

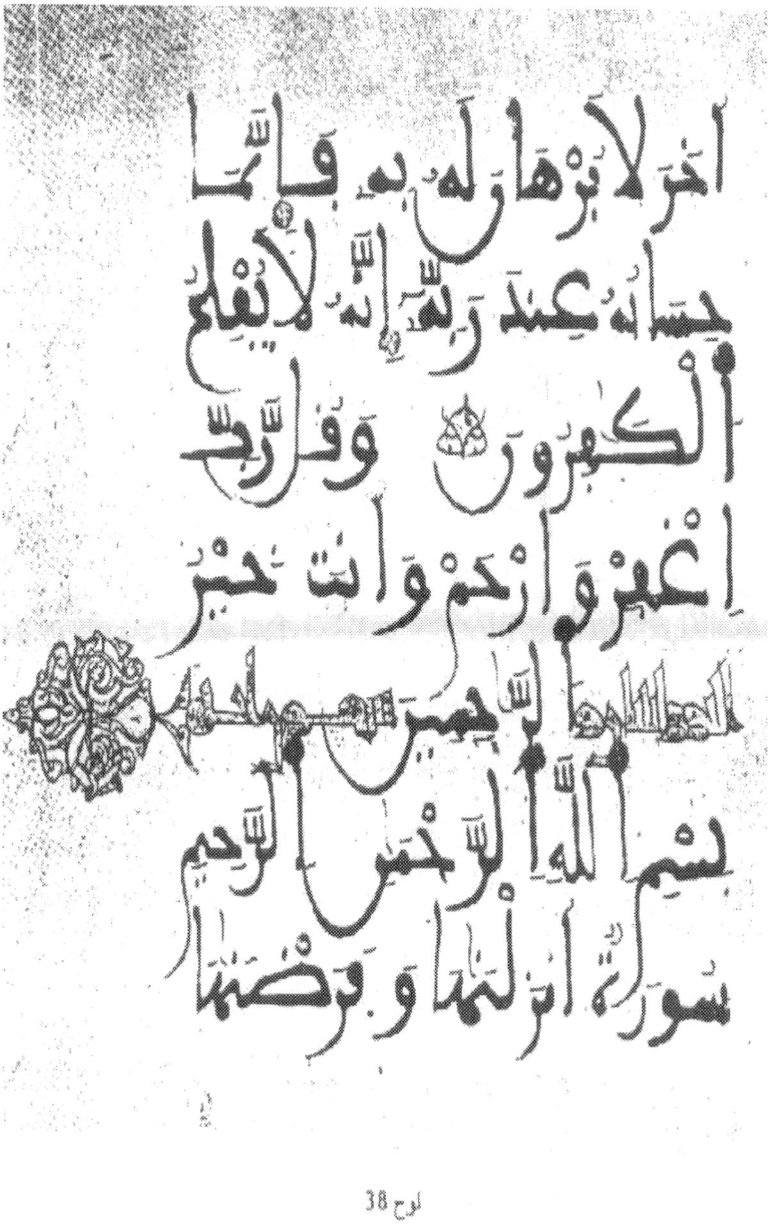

لوح 38

نماذج من الخط المغربي والأندلسي

صفحة نادرة من مصحف مغربي من القرن 8هـ ـ 14م في فاصل السورة زخرفة مذهبة وملونة بقياس: 17,5×20,4 سم.

(من مكتبة جستر بيتي ـ دبلن)

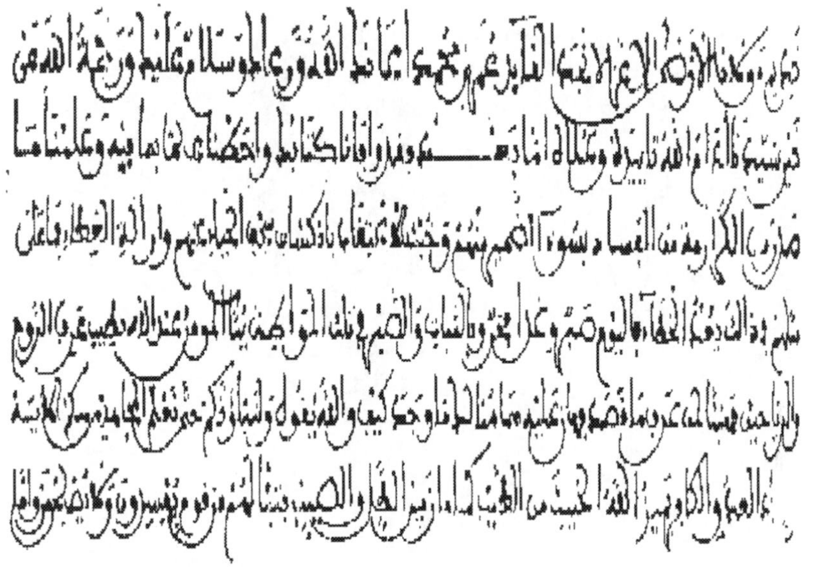

3. Fāsī. After Louis J. Bresnier, *Cours pratique et théorique de langue arabe* (Alger, 1855) Pl. XXXII on p. 150

لوح 38ج

نماذج من الخط المغربي والأندلسي

نموذج من الكتابة بالخط الفاسي في مراكش أو هي الكتابة المغربية العالية، ويصعب تحديد تاريخها.

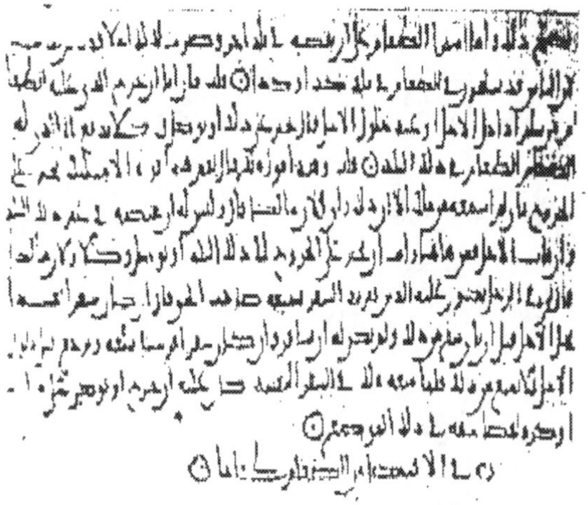

نموذج كتابة بالخط القيرواني القديم وهو شبيه بالخط الكوفي.

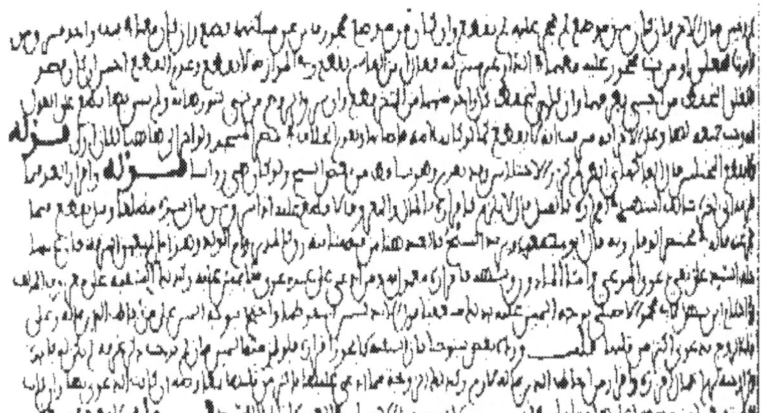

نموذج الكتابة اندلسية زال استعمالها منذ أمد طويل وهي من بين أنواع الخط المغربي أسهلها في التعرف عليها.

لوح 38 ز

نماذج من الخط المغربي والأندلسي

المصادر والمراجع

- الإتقان فى علوم القرآن للحافظ جلال الدين السيوطى - بتحقيق محمد أبو الفضل إبراهيم، طبعة / الهيئة المصرية العامة للكتاب ١٩٧٥ م .
- البحث اللغوى عند العرب مع دراسة لقضية التأثير والتأثر - للدكتور / أحمد مختار عمر ، الطبعة السابعة / عالم الكتب - القاهرة ١٩٩٧ م .
- البرهان فى علوم القرآن للإمام الزركشى ، بتحقيق محمد أبو الفضل إبراهيم ، طبعة / دار الجيل - بيروت ١٤٠٨ هـ / ١٩٨٨ م .
- تاريخ الأدب العربى : العصر الجاهلى - للدكتور / شوقى ضيف ، الطبعة التاسعة عشرة / دار المعارف - القاهرة ١٩٩٦ م .
- تاريخ الأدب أو حياة اللغة العربية لحفنى ناصف ، الطبعة الثانية/ القاهرة ١٩٥٨م.
- تاريخ الخط العربى وآدابه لمحمد طاهر الكردى ، طبعة / بغداد ١٩٧٤ م .
- تاريخ العرب قبل الإسلام للدكتور / عبد الحميد حسين حمودة - الطبعة الأولى / الدار الثقافية للنشر - القاهرة ١٤٢٧ هـ / ٢٠٠٦ م .
- تاريخ الكتابة والمكتبات وأوعية المعلومات - للدكتورة/ هانم عبد الرحيم إبراهيم ، طبعة / مركز الإسكندرية للكتاب - الإسكندرية ٢٠٠٦ م .
- تاريخ اللغات السامية - للدكتور / إسرائيل ولفنسون - الطبعة الأولى / مطبعة الاعتماد- القاهرة ١٣٤٨ هـ / ١٩٢٩ م .
- تطور الكتابة الخطية العربية : دراسة لأنواع الخطوط ومجالات استخدامها - للدكتور / محمود عباس حمودة ، الطبعة الأولى/ دار نهضة الشرق - القاهرة ، ودار الوفاء - المنصورة ١٤٢١ هـ / ٢٠٠٠ م .

- تفسير القرآن العظيم لابن كثير ، طبعة دار التراث - القاهرة ١٤٠٠ هـ / ١٩٨٠ م .
- الحضارات السامية القديمة لموسكاتى ، ترجمة الدكتور السيد يعقوب بكر ، طبعة / دار الكاتب العربى - القاهرة - (د . ت) .
- حضارة العرب - للدكتور / غوستاف لوبون ، ترجمة / عادل زعيتر - طبعة / الهيئة المصرية العامة للكتاب ٢٠٠٠ م .
- الخطاطة : الكتابة العربية - للدكتور / عبد العزيز الدالى ، الطبعة الثالثة / مكتبة الخانجى - القاهرة ١٤١٦ هـ / ١٩٩٦ م .
- الخط والكتابة فى الحضارة العربية - للدكتور / يحيى وهيب الجبورى - طبعة / دار الغرب الإسلامى - بيروت ١٩٩٤ م .
- دراسات فى تاريخ العرب منذ ما قبل الإسلام إلى ظهور الأمويين - للدكتور / مصطفى أبو ضيف أحمد، طبعة / مؤسسة الشباب الجامعية - الإسكندرية ١٩٨٢م
- دراسات فى فقه اللغة - للدكتور / صبحى الصالح ، الطبعة الحادية عشرة / دار العلم للملايين - بيروت ١٩٨٦ م .
- دراسة فى تطور الكتابات الكوفية على الأحجار فى مصر فى القرون الخمسة الأولى للهجرة، طبعة / المطبعة العالمية - القاهرة ١٩٦٩ م .
- السيرة النبوية لابن هشام ، بتحقيق الدكتور أحمد حجازى السقا ، طبعة / دار التراث العربى - القاهرة (د . ت) .
- الصاحبى فى فقه اللغة لابن فارس - بتحقيق / السيد أحمد صقر - طبعة / إحياء الكتب العربية عيسى البابى الحلبى وشركاه ١٩٧٧ م .

- صبح الأعشى للشيخ أبي العباس أحمد القلقشندى - طبعة مصورة عن طبعة / دار الكتب الخديوية - القاهرة ٢٠٠٤ م .
- الطبقات الكبيرة لابن سعد، نشر إدوارد سخو، مطبعة بريل ليدن١٣٢١هـ/ ١٣٣٩ هـ
- العرب قبل الإسلام ، لجرجى زيدان ، راجعه وعلق عليه الدكتور / حسين مؤنس ، طبعة / دار الهلال - القاهرة (د . ت) .
- العربية خصائصها وسماتها - للدكتور / عبد الغفار حامد هلال - الطبعة الرابعة / مطبعة الجبلاوى - القاهرة ١٤١٥ هـ / ١٩٩٥ م .
- علم اللغة العربية مدخل تاريخى مقارن فى ضوء التراث واللغات السامية - للدكتور / محمود فهمى حجازى ، طبعة / وكالة المطبوعات - الكويت ١٩٧٣ م .
- فتح البارى بشرح صحيح البخارى للإمام الحافظ ابن حجر العسقلانى ، بتحقيق عبد العزيز بن عبد الله بن باز ، وترقيم الأحاديث لمحمد فؤاد عبد الباقى ، الطبعة الأولى / دار المنار - القاهرة ١٤١٩ هـ / ١٩٩٩ م .
- فتوح البلدان للبلاذرى ، طبعة لجنة البيان العربى - القاهرة ١٩٥٧ م .
- فصول فى فقه العربية - للدكتور / رمضان عبد التواب ، الطبعة الثانية / مكتبة الخانجى - القاهرة ، ودار الرفاعى بالرياض ١٤٠٤ هـ / ١٩٨٣ م .
- فقه اللغة - للدكتور / على عبد الواحد وافى ، طبعة / دار نهضة مصر للطبع والنشر - القاهرة ١٩٨٨ م .
- الفهرست لابن النديم ، بتحقيق / محمد أحمد أحمد - طبعة / المكتبة التوفيقية - القاهرة (د.ت) .

- فى تاريخ العرب والإسلام - للدكتور / أحمد عبد الحميد الشامى ، الطبعة الثانية / مكتبة الأنجلو المصرية - القاهرة ١٩٨٢ م .

- فى التطور اللغوى - للدكتور / عبد الصبور شاهين - طبعة / المطبعة العالمية - القاهرة ١٣٩٥ هـ / ١٩٧٥ م .

- القاموس المحيط للفيروزآبادى، طبعة / الهيئة المصرية العامة للكتاب ١٣٩٨ هـ/ ١٩٧٨م

- قديم وجديد فى أصل الخط العربى وتطوره فى عصوره المختلفة - للأستاذ / يوسف ذنون ، مقال بمجلة المورد - بغداد - العراق - المجلد الخامس عشر - العدد الرابع ١٩٨٦ م .

- قصة الكتابة العربية - للدكتور / إبراهيم جمعة - الطبعة الثانية / دار المعارف بمصر ١٩٤٧ م .

- الكتابات العربية حتى القرن السادس الهجرى - للدكتور / محمد حسام الدين إسماعيل عبد الفتاح ، الطبعة الثانية / دار القاهرة - القاهرة ٢٠٠٤ م .

- الكتابات العربية على الآثار الإسلامية منذ القرن الأول حتى أواخر القرن الثانى عشر للهجرة - للدكتورة / مايسة محمود داود ، الطبعة الأولى / مكتبة النهضة المصرية - القاهرة ١٩٩١ م .

- الكتابات والخطوط القديمة - للأستاذ / تركى عطية الجبورى - طبعة / مطبعة بغداد - العراق ١٤٠٤ هـ / ١٩٨٤ م .

- لسان العرب لابن منظور - طبعة / دار المعارف - القاهرة .

- اللغة لفندريس ، تعريب / عبد الحميد الدواخلى ، ومحمد القصاص ، طبعة / مكتبة الأنجلو المصرية - القاهرة ١٩٥٠ م .

- اللهجات العربية الحديثة فى اليمن - للدكتور / مراد كامل - طبعة / معهد البحوث والدراسات العربية - القاهرة ١٩٦٨ م .

- مبدأ ظهور الحروف العربية وتطورها لغاية القرن الأول الهجرى - للأستاذ / أسامة ناصر النقشبندى ، مقال بمجلة المورد العراقية ، المجلد الخامس عشر - العدد الرابع ١٩٨٦م .

- المحكم فى نقد المصاحف لأبى عمرو الدانى ، بتحقيق الدكتورة عزة حسن ، طبعة / دمشق ١٩٦٠ م .

- المخطوط العربى - للدكتور / عبد الستار الحلوجى - الطبعة الثانية / مكتبة مصباح - جدة - المملكة العربية السعودية ١٤٠٩ هـ / ١٩٨٩ م .

- مدخل إلى نحو اللغات السامية المقارن ، تأليف أنطون شبتلر ، وإدفار أولندورف ، وفلرام فون زودن ، ترجمه وقدم له الدكتور مهدى المخزومى ، والدكتور عبد الجبار المطلبى ، الطبعة الأولى / عالم الكتب - بيروت ١٤١٤ هـ / ١٩٩٣م .

- المصباح المنير للفيومى ، بتحقيق الدكتور / عبد العظيم الشناوى ، طبعة / دار المعارف - القاهرة ١٩٧٧ م .

- معجم البلدان لياقوت الحموى ، الطبعة الأولى / دار إحياء التراث العربى - بيروت ١٤١٧ هـ / ١٩٩٧ م .

- المعجم الحديث : عبرى - عربى ، د / يحى كمال - الطبعة الأولى / دار العلم للملايين - بيروت ١٩٧٥ م .

- المعجم الوجيز - مجمع اللغة العربية بالقاهرة - طبعة خاصة بوزارة التربية والتعليم ١٤١٥ هـ / ١٩٩٤ م .

- مع القرآن الكريم فى رسمه وضبطه وأحكام تلاوته - للدكتور/ شعبان محمد إسماعيل، الطبعة الأولى / مكتبة الحرمين ، دار التأليف - القاهرة ١٤١٤ هـ / ١٩٩٤ م .

- المفصل فى تاريخ العرب قبل الإسلام- للدكتور/ جواد على- الناشر/ جامعة بغداد (د.ت)

- مقدمة ابن خلدون - للعلامة / عبد الرحمن بن محمد بن خلدون ، خرج أحاديثه وعلق عليها/ أبو مازن المصرى، وكمال سعيد فهمى- طبعة/ المكتبة التوفيقية- القاهرة (د.ت).

- مناهج تحقيق التراث بين القدامى والمحدثين للدكتور / رمضان عبد التواب ، الطبعة الأولى / مكتبة الخانجى بالقاهرة ١٤٠٦ هـ ١٩٨٦ م .

- موازنة بين رسم المصحف والنقوش العربية القديمة - للدكتور / غانم قدورى حمد ، مقال بمجلة المورد العراقية - المجلد الخامس عشر - العدد الرابع ١٩٨٦ م .

- النشر فى القراءات العشر لابن الجزرى ، بتحقيق الدكتور محمد سالم محيسن ، طبعة / مكتبة القاهرة على يوسف سليمان - القاهرة (د , ت) .

- وفيات الأعيان لابن خلكان ، بتحقيق / محمد محيى الدين عبد الحميد - طبعة / السعادة - القاهرة ١٣٦٧ هـ / ١٩٤٨ م .

المحتوى

رقم الإيداع

١٩٦٤ / ٢٠٠٨

هذا الكتاب

الخط لسان اليد، وبهجة الضمير، وسفير العقول، وَوَصِىّ الفكر، وسلاح المعرفة، وأنس الإخوان عند الفرقة، ومحادثتهم على بعد المسافة، ومستودع السر، وديوان الأمر. وقد قيل: الخط أفضل من اللفظ؛ لأن اللفظ يفهم الحاضر فقط، والخط يفهم الحاضر والغائب.

ونظرًا لأهمية الكتابة الخطية فقد استعان دكتورنا الفاضل حمدى بخيت عمران بالله تعالى فى كتابة هذا، والذى جاء فى أربعة فصول بعد المقدمة، وقد جعلها للحديث عن الجزيرة العربية وتاريخها القديم، حيث تناول صفة الجزيرة العربية، والساميين وأنواع الأمم السامية المختلفة ولغاتهم وكتاباتهم، والموطن الأصلى لهم.

كما تعرض للكتابة فى العصر الجاهلى، تحدث فيه عن الأطوار التى مرت فيها الكتابة، وأصل الكتابة العربية والنظريات التى تحدثت عن أصل الكتابة العربية والرأى الراجح فى ذلك، والنقوش العربية قبل الإسلام.

ثم تناول الكتابة العربية فى العصر الإسلامى، وتحدث فيه عن جمع القرآن ورسمه، وذكر بعضًا من الحكم والأسرار الخاصة بالرسم العثمانى، والشكل والإعجام.

وختم الحديث بالخطوط العربية وأنواعها، تحدثت فيه عن الخطوط التى كانت مستعملة وما زالت حتى الوقت الحاضر، وهى: خط الثلث، وخط النسخ، وخط الرقعة، والخط الفارسى، والخط الديوانى، والخط الكوفى، والخط المغربى.

هذا، ونسأل الله سبحانه أن يجعل هذا العمل خالصًا لوجهه الكريم، إنه نعم المولى ونعم النصير.

الناشر

Printed in the United States
By Bookmasters